東アジアの平和と和解

キリスト教・NGO・市民社会の役割

Yamamoto Toshimasa
山本 俊正 [編著] 関西学院大学キリスト教と文化研究センター [編]

LEE Jong Won
李 鍾元

SHIN Su Gok
辛 淑玉

SUH Jeong Min
徐 正敏

Kanda Kenji
神田 健次

Murase Yoshifumi
村瀬 義史

Kobayashi Kazuyo
小林 和代

Mito Takamichi
水戸 考道

HWANG Sang Ik
黄 尙翼

KIM Young Wan
金 永完

ジェフリー・メンセンディーク
Jeffrey Mensendiek

関西学院大学出版会

東アジアの平和と和解
― キリスト教・NGO・市民社会の役割 ―

まえがき

山本　俊正
(関西学院大学キリスト教と文化研究センター長)

　戦後の日本のキリスト教会の歴史を振り返るとき、東アジアでの戦争に加担した教会の深い反省と悔い改めが、教会の歩みの出発点であった。「東アジアの平和と和解」は教会の宣教課題であると同時に、祈りであり、願いであった。戦後22年を経過してからではあったが、日本で最大のプロテスタント教会である日本基督教団は、「第二次大戦下における日本基督教団の責任についての告白」(1967年)を発表している。また、戦後50年を迎えた1995年には様々な声明が教会およびキリスト教主義諸団体より出された。日本キリスト教協議会(NCC)は、1995年1月5日付けで、中嶋正昭議長名の声明を出し、「神とアジアの隣人に赦しを乞い」新たな平和の歩みを誓っている。日本福音同盟(JEA)は6月に開催された第10回総会にて、戦時下における教会の罪責を悔い改め、戦後の歩みを反省する、「戦後50年にあたってのJEA声明」を採択している。また1995年以前に、すでにいくつかの教会は15年戦争に関連して、教会が神社参拝という偶像礼拝の罪を犯し、アジアへの植民地政策に積極的に加担したという歴史認識を示す声明、告白を発表している。たとえば、「日本基督改革派教会創立30周年記念宣言」(1976年、日本基督改革派教会)、「戦争責任に関する信仰宣言」(1988年、日本バプテスト連盟)、「『戦争責任』に関する悔い改め」(1992年、日本バプテスト同盟)、「第二次大戦下における日本ナザレン教団の責任についての告白」(1993年、日本ナザレン教団)、「宣教100年信仰宣言、明日の教会にむかって」(1993年、日本福音ルーテル教会)などがある。また、1995

年には、日本カトリック司教団、沖縄バプテスト連盟、日本カトリック正義と平和協議会、日本福音キリスト教会連合、明治学院、等が声明を発表している。

また、雑誌『福音と世界』（1995年8月号）では、「戦後世代の戦責告白とは何か」と題する編集部企画の座談会が開かれている。座談会において牧師の戒能信生は、日本基督教団議長であった大村勇が1966年に韓国に行ったとき、総会議場に入れるか入れないかの騒ぎがあったことを紹介した後、以下のように述べている。「これは私の教会の例なのですが、アジア・サンデーで、フィリピンからの留学生に教会で話してもらうと、私の父は日本兵に銃剣で刺し殺されました。なんていう話から始まるわけで、みんな仰天しました」。戒能と同様な経験を当時、アジアキリスト教協議会（CCA）の幹事をしていた荒井俊次は、香港での体験として紹介している。「アジア諸国の姉妹兄弟たちの中には、日本軍によって殺された人々が多数いる。しかし私たちとつきあっている間はそのことを隠している人が大勢だ。元CCAの青年幹事だったチャン・ベンセンは私と15年以上の付き合いをもつ人だが、最近ある機会に、日本軍によって伯父さんが殺されたと初めて話してくれた。たとえ教会内では日本と日本人をゆるすとしても、教会の外の人々が日本の犯した罪をゆるしているだろうか」と荒井は問いかけている。また、教会に対して荒井は、「東アジアでは人は簡単に『ゴメンナサイ』とは言わない。『アイムソーリー』と言うことは、具体的に損害を弁償する義務を伴うからである。日本基督教団をはじめとする『戦争責任告白』を発表した諸教会が、果たして告白に伴う償いをアジアの教会や民衆に行っただろうか」と疑問を投げかけている。

日本の教会は戦後、世界のエキュメニカル運動（教会一致運動）に連携することにより、東アジアの平和と和解の構築への取り組みに参加し、戦責告白に伴う償いをアジアの教会、中国や朝鮮半島の民衆に行う努力を行ってきた。日本のエキュメニカル運動は1980年代に入り、NCC（日本キリスト教協議会）を中心に中国と朝鮮半島（韓国・北朝鮮）との教会交流が始まり、東アジアにおける平和と和解の働きを進めた。日中の教会交流の歴史は、1983年にNCCが第1回訪中団を送り、翌年の1984年に第1回中国基督教

協会訪日団を迎えている。この訪問により、中国の教会と日本の教会の公式な関係が開始される。この相互訪問を契機に、NCC は日本の教会の戦争責任を告白し、共に世界の平和と両国の人々の福祉のために手を取り合って力を尽くすことを約束する。NCC は具体的な協力交流活動として、1987 年から 2007 年のプログラムが終了するまで、20 名に及ぶ日本語教師を各 2 年から 3 年ずつ派遣し、民衆レベルの交流、キリスト者同士の親睦を深めた。その後、公式相互訪問としては、1996 年春に、第 2 回 NCC 訪中代表団が中国を訪問し、1999 年には、第 2 回中国基督教協会訪日団を受け入れている。そして、1996 年の訪問時には、中国基督教協会に対し、1894 年の日清戦争から始まる歴史において、日本の中国への侵略によって多大な被害と苦痛を中国の人々に与えたことを、書面で改めて謝罪している。過去の歴史において、日本のキリスト教会が侵略に抵抗したのではなく、追従、加担した罪を告白しなければならないことを伝えている。また NCC は、当時、毎年行われていた日本政府関係者による靖国神社参拝に対して、反対を表明していること、過去の歴史を直視し日中両国の教会の交わりと信頼に基づいて、東アジアの平和と和解に向けて共通の働きを展開していきたいことを表明している。さらに、2004 年 9 月には、第 3 回 NCC 中国教会訪問代表団が派遣され、2007 年には中国キリスト教両会（中国基督教協会および三自愛国運動）が訪日している。第 4 回の相互訪問は、2009 年に日本から中国へ、翌年、2010 年に中国からの正式訪問団を受け入れている。これらの相互訪問は、限られた人数と期間の中で行われるため、平和と和解のための大きなステップとは成りえないかもしれない。しかし、共産主義体制の中にある教会という限定を考慮するならば、両国のキリスト者との交流の輪を広げ、相互の交わりを深める意義は大きい。2007 年 4 月 19 日から 4 月 26 日までの第 3 回訪日では、中国基督教協会・三自愛国運動委員会（CCC/TSPM）から訪問代表団 10 名が、東京を中心に、関東および関西を訪問した。中国訪問団団長の季剣虹氏（中国キリスト教三自愛国運動委員会議長）は、関西学院大学にて記念講演を行っている。この訪問の結果として、以下の 4 項目が相互確認されている。

①両協議会は、交流を図るために相互の訪問計画を今後も継続していく。

②両協議会は、その傘下にある団体、機関などに人的な短期、長期にわたる研修プログラムを検討し、人事を通しての相互の交流を推進していく。

　③両協議会は、イエス・キリストの福音伝道を行うために、相互にもてるキリスト教信仰の資質を共に分かち合い、学び合う。

　④両協議会は、アジアの諸活動に共同の関心を持ち、地域の福音宣教と世界平和に相互に貢献していく。

　これら4項目に基づき、日中の教会はそれぞれのエキュメニカルなネットワークと連携して、現在も民衆交流を継続している。中国の教会は、政府公認教会と地下教会に大別される。日本のエキュメニカル運動の交流は政府公認教会との交流に限定されているが、今後は、中国の外交戦略の裏側に生きる人々の問題、民族主義や国内における経済格差、人権の問題等にも光を当てて、交流の実践が進むであろう。

　朝鮮半島の和解と平和に、エキュメニカル運動が取り組みを開始するのは、1984年10月に、日本の御殿場にあるYMCA研修施設の東山荘で開催された、世界教会協議会（WCC）主催の「東北アジアの正義と平和」会議からであった。会議は、分断が続く朝鮮半島の統一問題に対するエキュメニカル運動の方向性を明らかにする出発点であった。会議とその後の進展は、総称して「東山荘プロセス」と呼ばれ、エキュメニカル運動の世界共通語として市民権を得ている。会議の1年後の1985年にはWCC代表団が、1986年には米国NCC代表団が、北朝鮮を訪問した。また、1986年には、スイスのグリオンにてWCC主催の会議が開催され、南北のキリスト者代表が出席し、和解を象徴する聖餐式を共にした。この会議は、「キリスト者の平和への関心に関する聖書及び神学的基盤」を主題にして行われた。1988年に行われた第2回グリオン会議の声明には、1995年を朝鮮半島の解放と統一のための「ヨベルの年」とすることが宣言された。「グリオン会議」は以降、1990年の第3回会議まで、CCAおよび韓国教会協議会（NCC）との緊密な連絡と協力のうちに、朝鮮半島の平和と統一に向けたエキュメニカルな取り組みとして継続された。日本のNCCは、1984年の東山荘会議以降、1987年5月に、隅谷三喜男、中嶋正昭、前島宗甫の3名の代表を北朝鮮に派遣した。そして、彼らが朝鮮キリスト教連盟（KCF）を訪問した際には、交流の

可能性について意見交換をしている。顔と顔の見える信頼醸成の取り組みが、日本の教会と北朝鮮の教会との間で開始されたのである。訪問で合意されたのは、KCF 代表を日本に招き、韓国 NCC との三者でシンポジウムを開催することであった。1988 年に予定されたシンポジウムは、1987 年に起きた大韓航空機爆破事件の影響で、北朝鮮政府より KCF 代表の渡航許可が下りず、韓国 NCC、日本の NCC、在日大韓基督教会の三者で、「朝鮮半島の平和／統一と日本」を主題に開催された。しかし、日本の NCC は KCF への招聘の可能性をあきらめず、1989 年 6 月に朝鮮キリスト教連盟代表団歓迎実行委員会を組織し、さらに計画を進めた。そして、日本政府の姿勢の変化も手伝い、同年 9 月 28 日に KCF 李哲代表、他 3 名が来日し、10 月 5 日まで滞在した。滞在中、日本基督教団の信濃町教会にて合同礼拝が行われ、韓国 NCC からは 12 名の代表が参加した。韓国 NCC は、1988 年 2 月の総会にて、1995 年を「平和と統一のヨベルの年」にすることを、日本の会合に先立って宣言した。また、WCC および CCA に呼びかけ、同年春に仁川で、「世界キリスト教韓半島平和会議」を開催した。それには、世界各国から 300 名以上が参加し、朝鮮半島における平和と統一がエキュメニカル運動の共通の課題であることが確認された。「東アジアの平和と和解」の創出は、朝鮮半島の和解と平和なくして実現されないことが認識された。また、在日大韓基督教会においては、1989 年 7 月に代表団 6 名が北朝鮮を訪問し、交流を開始した。東西の冷戦状況が急激に変化する中、朝鮮半島への取り組みは、欧米の教会と歩調を合わせるアジアのエキュメニカル運動の中心課題として、1990 年代を通してなされた。1995 年に起きた、北朝鮮における大規模な洪水被害を契機に、日本の NCC および在日大韓教会を含めたアジア、並びに世界のエキュメニカル運動は、北朝鮮への人道支援活動を開始する。東山荘プロセスを重要な柱として取り組んできた「東アジアの平和と和解」の構築は、東アジアの参加国であるべき北朝鮮を含める形で、人道的な視点からの連帯活動が具体化する。「東アジアの平和と和解」を構想するエキュメニカル運動は、国境を超える働きとして新しい一歩が踏み出された。

　21 世紀に入り 20 年近くが経過した今日、東アジアは世界で最も高い経済成長を達成している。また、域内の経済は相互に強く結びつき、お互いをか

けがえのないパートナーとしている。しかし、他方では、近代以来の歴史的経緯から深刻な分断が続き、冷戦状況が残っており、相互信頼は非常に弱い。朝鮮民主主義人民共和国（以降、北朝鮮）と日本の国交は正常化されておらず、南北朝鮮の統一は進展していない。北朝鮮と米国の対立も東アジアに大きな負の影を落としている。また、中国と台湾の間の緊張関係（両岸問題）のみならず、日中、日韓の間では、過去の歴史認識の相違に起因するお互いの対立感情が根強く存在している。これらの歴史認識の相違は各国のナショナリズムを刺激し、時として平和を脅かす「危機」として眼前に噴出する（竹島、尖閣諸島、等をめぐる領土問題、日本国内でのヘイトスピーチ等）。1990年代から世界を席巻した新自由主義に基づく経済のグローバル化は、東アジアにおいても、各国内における貧富の格差の拡大とその固定化というマイナス面をもたらしている。また、経済発展に伴う資源やエネルギー、食糧や水の確保という課題、地球規模の温暖化、原発事故による環境汚染など、新たな紛争の要因ともなりうる火種を抱えている。これら東アジアの平和を脅かす危機的な要素を克服していくには、どのような方策があるのだろうか。私たちは各国政府の専門家に課題を丸投げし、自らは、個人として国家の受益者か被害者として運命に身を任せるだけでよいのだろうか。東アジアの平和の構築に向けて、宗教者には何ができるのだろうか、またその役割とは何だろうか。国家単位を超えた主体（宗教団体、NGO、市民社会等）による平和の実現可能性はあるのだろうか。

　関西学院大学、キリスト教と文化研究センター（RCC）は、2013年4月に、「東アジアの平和と多元的な宗教・NGO・市民社会の役割」研究プロジェクトを立ち上げ、2016年3月までの3年間、研究員による研究発表、外部講師による講演会、ミニフォーラム、研究会を実施した。東アジアにおける平和と和解の実現のため、国家間の対話と協力をその視座に置くと同時に、国家以外の主体、すなわち自治体や、市民社会、NGO、宗教者等による協力および信頼醸成の働きに注目し、その可能性を探求する研究活動を行った。

本書は、この3年間の研究活動の一環として行われた研究発表、講演の記録、論文として掲載されたものを、研究プロジェクトの主題に基づき分類、整理、編集したものである。第1部　講演の記録、第2部　研究発表、第3部　論文として掲載されたものに3分類すると、以下の通りとなる。なお、講演原稿については、テープ起こしをした録音内容を基に編集されている。表現や内容についても講演者の発言主旨を尊重し再録している。特に、ヘイトスピーチに関連した記述には、過激な表現が含まれているが、差別を扇動し憎悪を浴びせる言葉が飛び交う現状を、そのまま記載している。人間の心と社会を傷つけるスピーチに反対し、差別をなくし多様性ある社会の実現を願う講演者の意図と願いを尊重したからに他ならない。

第1部　講演の記録
　第1章　「安保法制」以降の日・中・韓関係の課題と展望　　　　李　　鍾元
　第2章　東アジアの和解とレイシズム
　　　　　——ヘイトスピーチを支える日本社会を問う——　　　辛　　淑玉
第2部　研究発表
　第3章　日韓キリスト教史の視点から　　　　　　　　　　　　徐　　正敏
　第4章　WCC（世界教会協議会）第10回総会（釜山・韓国）からの報告
　　　　　　　　　　　　　　　　　　　　　　　　　　　　　　神田健次
　第5章　平和の課題とキリスト教における宣教論の新たな展開　村瀬義史
　第6章　カトリック信徒から見たWCC（世界教会協議会）総会　小林和代
　第7章　日本の軍事力、平和力、市民力と東アジアにおける平和構築
　　　　　——靖国参拝と憲法9条改正も踏まえて——　　　　　水戸考道
　第8章　東アジアの平和と憲法9条・キリスト教非暴力思想の可能性
　　　　　　　　　　　　　　　　　　　　　　　　　　　　　　山本俊正
第3部　論文として掲載されたものからの転載
　第9章　日帝植民地期は朝鮮人の健康にどのような影響を及ぼしたのか
　　　　　——植民地近代化論の虚と実——　　　　　　　　　　黄　　尙翼
　　　　（「関西学院大学国際学研究」Vol.5 No.1、2016年より転載）

第10章　鄧小平理論の宗教観　　　　　　　　　　　　　　　金　永完
　　　　（関西学院大学「キリスト教と文化研究」第16号、2014年、論
　　　　文99〜126頁より転載）
第11章　東アジアにおける歴史的トラウマの克服
　　　　　　　　　　　　　　　　　　　　　ジェフリー・メンセンディーク
　　　　（関西学院大学「キリスト教と文化研究」第17号、2015年、研
　　　　究ノート163〜179頁より転載）

　本書の公刊にあたっては、実に多くの方々のご協力とご支援をいただいた。出版の企画を全体的に支援していただいた、関西学院大学、吉岡記念館、課長・次長の夏目裕氏、また、キリスト教と文化研究センター担当の古結章司氏、大野一恵氏には講演原稿のテープ起こし、校正作業をしていただいた。その多大な努力に心より感謝したい。最後に、原稿及び全体の原稿の校正、編集、校閲に際して、関西学院大学出版会の統括マネージャー田中直哉氏、制作、編集、デザイン担当の辻戸みゆき氏、戸坂美果氏に数々のご協力とご教示をいただいた。心からお礼を申し上げ、感謝の意を表したい。

　2017年1月

目　　次

まえがき ……………………………………………………山本俊正　1

第1部　東アジアの平和と和解

第1章　東アジアの平和
――「安保法制」以降の日・中・韓関係の課題と展望――　…李　鍾元　13

第2章　東アジアの和解とレイシズム
――ヘイトスピーチを支える日本社会を問う――　………辛　淑玉　35

第2部　キリスト教と市民社会の役割

第3章　東アジアの和解と平和
――日韓キリスト教史の視点から――　…………………徐　正敏　59

第4章　東アジアの和解
――WCC（世界教会協議会）第10回総会（釜山・韓国）報告――
………………………神田健次　77

第5章　平和の課題とキリスト教における宣教論の新たな展開
…………………村瀬義史　85

第6章　カトリック信徒から見たWCC（世界教会協議会）…小林和代　99

第7章　日本の軍事力・平和力・市民力と東アジアにおける平和構築
――靖国参拝と憲法九条改正も踏まえて――　…………水戸考道　109

第8章　東アジアの平和と憲法九条・キリスト教非暴力思想の可能性
………………………山本俊正　129

第3部　中国と朝鮮半島における歴史とトラウマの克服

第9章　日帝植民地期は朝鮮人の健康にどのような影響を
及ぼしたのか――植民地近代化論の虚と実――　………黃　尙翼　149

第10章　鄧小平理論の宗教観……………………………金　永完　171

第11章　トラウマ理解と平和構築
――東アジアにおける歴史的トラウマの克服――
………………Jeffrey Mensendiek　199

執筆者紹介………………………………………………………………217

第 1 部

東アジアの平和と和解

第 1 章

東アジアの平和
——「安保法制」以降の日・中・韓関係の課題と展望——

李　鍾元
（早稲田大学大学院アジア太平洋研究科教授）

　こんにちは。ご紹介いただきました早稲田大学の李と申します。今日は、この素晴らしい機会を与えられ大変光栄に思います。関西学院大学には初めておじゃましました。雨であまりゆっくり見て回れませんでしたが、正門を入ってから素敵な建物が並んでいるキャンパスに少し感動しながら、またこの素晴らしい建物でお話をする機会を与えられたことに感謝したいと思います。

1.　日本社会の変化

　先ほどご紹介がありましたように、私は 1982 年に日本に来ました。この 30 年間、日本は大きく変化したように思います。1982 年は、初めて日本の歴史教科書問題が起こった年でもありました。また、中曽根総理が「戦後総決算」を唱えていた時代でした。そういう状況でしたから、日本に来た当初は少し緊張していました。これから日本の政治や日韓関係はどうなるのか。少し心細くなったことを覚えています。しかし、1985 年から世界がガラッと変わり始めました。1985 年に二つのことが起こります。まず、国際政治的には、ゴルバチョフがソ連の書記長になり、冷戦対立が急速に緩和に向かいます。1989 年、米ソ冷戦が公式に終焉を告げ、ベルリンの壁が崩壊するという歴史的な出来事が相次ぎました。

もう一つは、経済的なことで、「プラザ合意」というものがありました。日本が経済的にあまりにも強くなるので、アメリカから見ると円の価値を切り上げないといけない。円が安すぎるので貿易で負けるという考えから、主要国の財務大臣が集まって、アメリカの対日貿易赤字を減らすため、円高ドル安を誘導することに合意しました。その結果、1年ぐらいで円のレートが2倍ほどに引き上げられることになります。これが「プラザ合意」です。いま考えると懐かしい話ですが、当時は日本がもうすぐアメリカを追い越し、世界一の経済大国になるのではないか、といわれた時代でした。

　日本にとって上り坂の時代でした。プラザ合意の結果、円の価値が2倍になりました。つまり、日本の普通の人々、日本の企業が、同じ資産をもって、日本の外側に出ると、価値が2倍になる、2倍金持ちになるということです。その結果、日本の国際化が急速に進みます。普通の人々が国境を越えてアジアに展開し始めました。また、アジアの人々は高くなった円を求めて、当時は「ジャパゆきさん」という言葉がありましたが、日本で働きたいということで、続々と日本に入ってきました。「内なる国際化」が叫ばれた時代です。日本がどんどん経済的に強くなり、昇る太陽の勢いのような、そういう時でしたので、日本でも「戦後総決算」を唱えた中曽根総理が、「国際化」を掲げ、留学生10万人計画とか、いかに日本社会を開いていくかが大きな政策課題になった、そういう時代になります。

　今から振り返ると、1980年代半ば以降、90年代というのは、日本がどんどん開いていく、そういう時代だったような気がします。いろいろな問題に、言葉に若干語弊がありますが、寛大になっていくと言いましょうか、ちょうど昭和天皇が1989年に亡くなったということもあり、一つの時代が終わったということで、NHKなどでも慰安婦の問題の特集を放映しました。歴史の負の遺産をいかに清算して、日本とアジアが一つになるのか。日本がアジアに出ていき、アジアが日本に入っていくというのが当然のように、あるいは非常に積極的なものとして評価され、語られた時代でした。当時の日本の姿には、明るい展望が多かったように思います。

　しかし、90年代ごろから、風向きが変わり始めました。いろいろな要因がありますが、日本の構造改革がうまくいかず、国際化への対応が不十分と

いうこともあって、「失われた10年」「失われた20年」といわれるようになりました。そうすると、日本の雰囲気がだんだん内向きになって、1990年代、2000年代の移行期を経て、21世紀に入ると、内向きの世論がより強くなり、時代の雰囲気もそうなってきた感じがするわけです。ある研究者が『韓国化する日本、日本化する韓国』という本を書きましたが、示唆に富むタイトルです。感覚的にその言葉が浮かんだりすることがあります。食べ物をみても、日本の食べ物が韓国に広まったり、韓国の食べ物が日本に広がったり、辛い物に対する嗜好も逆転したような感じもします。サッカーに対する思い入れでも、かつての韓国を凌駕するような熱気が日本で見られます。日本がある種の変化を遂げるなかで、どのような方向に向かっていくのかについて、真剣に考えなければならない時だろうと思います。今、おそらく日本だけではなく、韓国、中国を含めて、東アジア全体が大きな転換期を迎えていると思います。

　蛇足ですが、私は気が付いたら30年間日本にいますが、こんなに長期滞在になったことも、日本の国際化の一つの恩恵によるものだといえます。日本では、以前は、外国人は大学への就職はなかなかできませんでした。日本で生まれ育った在日外国人であっても、特に国公立大学には国籍条項があって、教職に就くことができませんでした。しかし、80年代後半、国際化の波の中で、外国人に対しても大学の門戸が開かれるようになりました。幸運にも、ちょうど私の勉強が終わるころにそのような変化があり、1991年に東北大学法学部に助教授として採用されました。外国人として専任教員に採用されたのは初めてといわれました。日本の大学では国際化がだいぶ進み、外国人教員に対しても大きな制度的な差別がない状況なので、そのおかげもあって、日本の大学に長くお世話になることになりました。

2. 「共同体」と「新冷戦」のせめぎ合い

　冒頭から少し散漫な話になりましたけれども、さっそく本題に入りたいと思います。私の専門はアメリカの東アジア政策、その中での日米韓、日韓関

係です。たとえば韓国では、「東アジア」というとポジティブに語られる場合が多いのですが、果たして日本ではどうでしょうか。「東アジア」というと、どのようなイメージでしょうか。やや単純化していえば、「共同体」と「新冷戦」の二つのイメージが共存しているのではないでしょうか。「協調」のパートナーであると同時に、「対立」の相手でもある東アジアという二つの側面が混在しているのが現状ではないかと思います。また、日本では、時系列的には、「共同体」から「新冷戦」のほうに認識が変わってきているようにもみえます。

　実は、「共同体」と「新冷戦」の混在は、日本だけの現象ではありません。中国や韓国にも同じようなことがいえると思います。東アジアを論ずるとき、日本、中国、韓国といった国単位で考え、この三つの国が「三国志」のように、「協調」や「対立」を繰り広げているというイメージが一般的だと思います。そういう側面はあります。しかし、実際には、日・中・韓それぞれの国内に「共同体」と「新冷戦」という二つの潮流が混在し、せめぎ合う状況があります。それぞれの国内でいわば「国際派」と「民族派」の二つの勢力がせめぎ合い、国境を越えて、複雑な相互作用を展開していると表現できるかもしれません。「協調」を重視する「国際派」、「対立」を強調する「民族派」はそれぞれの価値や理念、あるいは利益を反映しています。こうした構造に注目する立体的な視点が必要だと思います。

　まず、「共同体」ですが、確かに日・中・韓の社会や経済、文化を見ると、相互依存と同質化が進んでいて、すでに一つの共同体を実現していると言ってもよいと思います。日・中・韓の間では、「国籍差」より「世代差」が大きいともいわれます。つまり、国籍による違いより、それぞれの国内における世代間の違いがより大きいという意味です。逆にいうと、それぞれの世代は国籍による差をあまり感じず、国境を越えて、同じような生活、意識をもっているということにもなります。実際、日・中・韓の若い世代を見ると、区別がつかないほど、外見や日常生活は似ています。

　その半面、政治や安全保障に目を転じると、国家間の対立が強まっていて、軍拡競争が始まり、局地的な武力衝突まで危惧される状況になっています。中国の軍事予算は2桁の伸びを続けていますし、日本でも安保法制をき

っかけに、防衛費の増額が議論されています。また、社会的にも各国でナショナリズムの風潮が台頭しています。国家間の対立だけでなく、日中韓の社会で普通の人々、草の根による「下からのナショナリズム」も顕著になりました。

　「共同体」と「新冷戦」、「協調」と「対立」が混在する状況を指して、韓国の朴槿恵大統領は「アジア・パラドックス」と表現しました。社会、経済の面では相互依存、一体化が進む半面、政治や外交では対立を深める逆説的な構図です。協調から得られるものが多いにもかかわらず、政治的には消耗戦を続ける。こうしたパラドックスをいかに乗り越えるのか。私たちが直面する課題であり、この点については、後半でもう少し踏み込んで考えてみたいと思います。

　日本とアジアとの関係は、いま歴史的な転換期にあるといえます。19世紀以来の100年間、日本とアジアは垂直的な関係にありました。日本は先に近代化に成功し、中国、朝鮮は失敗しました。その結果、朝鮮は日本の植民地に、中国は日本や西欧列強の半植民地に転落しました。それを背景に、日本の対アジア観にはある種の優越感がありました。その状態がほぼ1世紀間続いたわけです。しかし、20世紀の後半、中国や韓国などアジア諸国の成長で、その格差は縮まり、部分的には逆転現象も現れました。国家全体の経済力で日中逆転が起きたのは2010年でした。少なくとも経済的には日本とアジアの格差はほとんどなくなり、水平的な構造に変わりました。平等で、対等な意識をもつ土台ができたということであり、長期的には望ましい変化です。しかし、個人でもそうですが、国家間においても、こうした関係の変化への適応は容易ではありません。実態の変容に意識の変化が追いつくには時差があり、時間がかかります。今、日本社会はまさにその変容への真っ最中にあるともいえます。冒頭、個人的な印象として申し上げましたが、日本がまだ優位にあった1980年代〜90年代には、「東アジア」がポジティブに語られ、「共同体」のビジョンが積極的に議論されました。しかし、今はどちらかというと「脅威」として捉える傾向が強くなっています。

3. 東アジアの現状－実態、制度、意識

　さて、事実上の「共同体」としての東アジアの現状について、いくつか数字をご紹介したいと思います。若干古いものですが、外務省のホームページから取った統計です。弁解ですが、以前は外務省が「東アジア」に積極的で、様々な統計などをたくさん掲載していました。しかし、消極姿勢の表れでしょうか、最近はあまり更新されないので古い数字のままです。

　地域統合の度合いを示す指標として、域内貿易依存度があります。ある地域の国々が域内間でどれほど貿易を行っているか、その比率です。高いほど、その地域は経済的な統合が進んでいることになります。2005年の数値ですが、まずヨーロッパ連合（EU）は65.7％、全体の貿易のほぼ7割が域内諸国間で行われています。それに対して、東アジアは55.9％で、EUよりは下ですが、アメリカ、カナダ、メキシコからなる北米自由貿易地域（NAFTA）の43.5％を上回っています。外務省の定義では、東アジアとは、ASEAN＋3（日・中・韓）＋3（インド、オーストラリア、ニュージーランド）の16カ国です。

　この数字は注目に値すると思います。NAFTAは文字通り自由貿易協定（FTA）をもっている地域です。アメリカ、カナダ、メキシコは外交的に大きな摩擦もありません。それに比べて、東アジアはたとえば日・中・韓の自由貿易協定もなく、歴史問題や領土紛争を抱え、政治・外交的な摩擦が絶えません。それにもかかわらず、経済的にはNAFTA以上の地域統合がすでに実現しているわけです。政治・外交的に対立しても、経済的な相互依存は不可逆的に進行し、一つの共同体としてやっていくしかないという現実の表れともいえます。対立を繰り返しながらも、NAFTAを上回る地域統合を進め、EUにも肉薄する事実上の「共同体」を形成しているのが東アジアの現実です。

　東アジアの地域統合は制度の面で大きく遅れているといわれます。確かにそうですが、ASEAN諸国の努力を土台に、東アジアにも様々な地域協力の

枠組みが作られています。ASEAN＋3（日・中・韓）は社会・経済的な問題について、閣僚レベルの協力を深めていますし、そこから日・中・韓の3国協力体制が立ち上がり、今や常設の事務局をもつに至っています。さらに、もうすぐ来週（2015年11月22日）に会議がありますが、東アジア首脳会議も2005年から始まっています。まだ具体的な機能が弱いので、日本のメディアにもあまり報道されませんが、一応、地域全体を包括する政治・外交の枠組みが一つできています。

　問題はアイデンティティです。どのぐらいアジアの人々、とりわけ日・中・韓の人々が「自分はアジア人」という意識をもっているのか。「共同体」を創る重要な要素です。意識やアイデンティティを図るデータはあまりありません。その中で、ほぼ唯一で貴重なものが猪口孝教授を中心に2003年から行われている「アジア・バロメータ」調査です。アジアの10カ国を対象に、生活や意識などに関する包括的で継続的な調査です。いくつかの理由から、「アジア・アイデンティティ」の項目は最初の2年間だけ設けられ、その後は公表されていません。したがって、2003年度の数値で若干古いのですが、大変興味深いので少しご紹介したいと思います。

　まず、「ナショナル・アイデンティティ」の項目です。「〇〇人という意識はあるか」という質問に対して、10カ国のうち、タイ、インド、韓国の3カ国は100％です。つまり、調査対象者の全員が「そうだ」と答えました。それから、ベトナム99％、スリランカ98％、ミャンマー96％、マレーシア92％と続きます。日本は10カ国のうち8位ですが、それでも91％で、かなり高い数値です。9位が中国の85％、10位がウズベキスタンで64.5％と比較的低い水準です。アジアは全般的にナショナルな意識は高いといえます。

　次に、「アジア人アイデンティティ」の項目です。「アジアというアイデンティティはあるか」という質問に対しては、国別にかなり差が表れました。1位はミャンマーで、92.1％です。それに次いで、2位はベトナム83.6％、3位スリランカ79.8％、4位韓国71％です。その後をタイ、ウズベキスタン、マレーシアなどが60％台で続きます。統合が進んでいるヨーロッパでも「ヨーロッパ人アイデンティティ」は60〜70％台ですから、アジア各国も比

較的健闘しているといえます。

　問題はワースト・スリー、下位の3カ国です。8位は日本で41.8％、9位はインドで21.4％と、他の国々とは落差があります。さらに、最下位の中国はなんと1桁で6.1％です。この極端に低い数値をどう解釈すべきかについては、いろいろな見方があり、調査対象の地域や、中国語でアジアという言葉の意味などの問題が指摘されました。いずれにせよ傾向ははっきりしていると思います。つまり、「アジア人アイデンティティ」の上位を占める国は、ミャンマー、ベトナム、スリランカなど、比較的小さい国々です。もちろん人口の面では小さくありませんが、総合的な国力の面では中小国に分類される国々です。それに対して、アジアの三つの大国である日本、インド、中国では「アジア人」という意識が極端に低い。中小国では意識も柔軟でそれぞれの国の意識と「アジア人」意識が共存しているのですが、いわゆる大国では大きさのせいか、自分の国境を超える想像力が弱くなるようです。

　人口の面でも、経済の面でも、東アジアで大きな比重を占め、「共同体」づくりを先導すべき大国で、その意識が弱いということは問題といわざるをえません。

4.　日本外交と東アジア

　それでは、これまで日本の外交は東アジアの地域形成にどのように関わってきたのかについて、振り返ってみることにしたいと思います。結論を先取りしていうと、1990年代以後、東アジアの様々な地域協力の枠組みづくりにおいて、日本は重要な役割を担ってきました。しかし、近年、むしろこうした東アジア地域主義から後退するような動きを示していることが少し気になります。こうした視点から、日本の外交が東アジアの地域形成の過程でどのような役割を果たしたのかについて、小論（「冷戦後の国際社会と日本」『岩波講座・日本歴史』第19巻・近現代5、岩波書店、2015年）をまとめました。以下で、その要点を簡単にお話ししたいと思います。

　1989年に米ソ冷戦が公式に終結して以来、日本が属する地域として、東

アジア、あるいはアジア太平洋でもいくつか重要な地域協力の枠組みが誕生しました。その創設の過程で、日本は主要な役割を果たし、事実上主導したと言っても過言ではありません。しかし、日本はあまり表面には出ず、後ろでそれを支える役目を自任しました。地域機構の創設で重要な役割を果たしながらも、自らの手柄にせず、他の国に花を持たせたのです。控えめですが、日本があまり前面に出すぎると、戦争の歴史もあり、かえって反発が生じるかもしれないという判断が背景にありました。従来の大国外交とは異なり、多国間の協力枠組みを立ち上げつつ、自らはそれを支える役目に回るということです。アメリカのある学者は、それを指して、「leadership from be-hind」と呼びました。「後ろから支えるリーダーシップ」という意味です。船橋洋一氏は「後衛リーダーシップ」と訳しています（船橋洋一『アジア太平洋フュージョン——APECと日本』中央公論社、1995年）。同じころ、日本では「ミドル・パワー」外交が盛んに議論されました。伝統的な大国の外交とは違って、非軍事的な手段や多国間の枠組みを重視する外交を指します。日本はまさにそのような外交を展開しました。戦争という負の歴史を背負い、「平和憲法」の枠組みの中で国際貢献を果たしていくためには、伝統的な大国とは異なる道を模索せざるをえず、それが新しい外交のあり方を示すことになったわけであります。

　1989年にアジア太平洋経済協力会議（APEC）が創設されました。冷戦終結後、アジア太平洋地域に誕生した初めての包括的な地域協力の枠組みです。公式にはオーストラリアのホーク首相が提唱したことになっていますが、実は日本とオーストラリアの共同の努力の産物でした。日本とオーストラリアによる二人三脚の外交の結実でした。しかし、公式に発表する段階になって、日本は「女房役に徹する」ことになりました。オーストラリアからは感謝されたようであります。経緯を知る各国の外交官からも評価する声が少なくありませんでした。

　1994年にはASEAN地域フォーラム（ARF）ができました。アジア地域における初めての安全保障の枠組みです。基本的にASEANのイニシアティブによるものですが、日本の外交的なサポートが大きく貢献しました。

　先日（2015年11月1日）、日・中・韓のサミットが開催されましたが、

そもそもASEAN＋3（日・中・韓）の枠組みから始まったものです。1997年にASEANの招請で、ASEAN＋3の首脳会議が開かれ、それを契機に、1999年からは、日・中・韓だけの首脳会議が定例化するようになりました。ASEAN主催の会議という機会を利用して、日・中・韓の首脳が顔を合わせるようになったわけです。1999年、初めて日・中・韓の首脳会議が実現したのは、当時の金大中大統領と小渕首相という日・韓の首脳間の密接な協力と連携のおかげでありました。当時、まだ中国は多国間の枠組みには警戒感を抱き、消極的でした。しかし、日・中・韓の首脳が集まる会合が必要と判断した小渕首相がまず金大中大統領に打診し、金大統領が躊躇する中国の朱鎔基首相に働きかけて、日・中・韓の首脳による「朝食会」が実現しました。まだ消極的であった中国はただの「朝食」と呼んだというエピソード付きです。以後、2008年からはASEAN会議と分離され、日・中・韓サミットの単独開催が定例化され、2011年にはソウルに常設の事務局が設置されました。

　韓国の金大中大統領と日本の小渕首相は、様々な面で緊密に協力しました。1998年の日韓パートナーシップ宣言やサッカーのワールド・カップの日韓共催決定、韓国の日本大衆文化輸入解禁など、日韓の2国間関係の緊密化だけでなく、それを踏まえて、「東アジア」という地域を創っていくというビジョンをも共有し、協力していました。

　「東アジア共同体」という用語もこの時期に公式に登場します。日本では、「東アジア共同体」というと、鳩山首相が提唱したことが広く知られていますが、それだけではありません。鳩山首相にとっては長年のビジョンですが、ASEAN＋3の場で公式に確認された長期目標でもあります。1999年のASEAN＋3首脳会議で、韓国の金大中大統領の提唱で、東アジア・ビジョン・グループ（EAVG）が設置されました。13カ国の民間有識者が集まり、東アジア地域協力の将来像を創ることになりました。その議論の結果をまとめて、2001年にEAVGは報告書を提出しましたが、そのタイトルが「東アジア共同体に向けて」でありました。長期目標として、「東アジア共同体」を創ることが公式に提案されたのであります。韓国が提唱し、日本外交が支えたもう一つの例といえます。

その延長線上で、2005年に東アジアサミットが誕生することになります。EAVG が提案した中長期目標の一つですが、マレーシアが積極的に進め、同年、クアラルンプールで第1回の東アジアサミットが開かれました。東アジア地域の首脳が一堂に会する画期的な枠組みの誕生です。しかし、様々な国際政治の思惑が絡み合い、その実現の過程は複雑な経緯をたどりました。詳細を申し上げる時間的余裕がありませんが、要するに、「中国の台頭」の勢いが予想以上なので、それに対抗するために、東アジアサミットの参加範囲をどんどん広げていきます。2005年の第1回東アジアサミットでも、当初の ASEAN＋3（日・中・韓）にインド、オーストラリア、ニュージーランドの3カ国が加わり、16カ国体制でスタートしました。さらに、2011年にはアメリカとソ連が正式メンバーになり、現在は18カ国体制です。巨大な中国の存在と影響力に対してバランスをとるための措置ですが、それによって、徐々に「東アジア」という地域の意味が薄れ、実行力のある地域機構になかなか発展できずにいます。

2010年代に入り、東アジア地域主義に対する日本外交の取り組みが徐々に後退している感があります。3年間の民主党政権期の未熟さに対する反動も少なからず影響していると思います。鳩山首相をはじめ、民主党政権は「東アジア共同体」のビジョンを掲げ、日本外交に新たな方向性を示そうと努力しました。そのビジョンや方向性は大変素晴らしいものだったと思います。しかし、理想が先行したある種の未熟さや、官僚組織のサボタージュなどで、対内外の政策が混乱した面は否めません。他方、中国は様々な面で攻勢を強め、「中国脅威論」が広がったという状況の変化もありました。

民主党政権が挫折した後、日本外交は大きく方向転換をしているように思います。民主党政権の失敗が大きな反動を引き起こしているともいえます。安倍政権の外交は、遡れば、2005年の第1次政権期からですが、戦後日本の「ミドル・パワー」外交とは異なり、どちらかというと、古典的な大国の「パワー・ポリティクス」的な志向性を示しているようにみえます。「普通の国」として、普通に軍事力をもち、それを土台に、「ミドル・パワー」ではなく、世界の主要国として、安全保障の面でも積極的に役割を拡大していくという方向性です。

安倍総理の持論として、「安全保障ダイヤモンド」構想があります。「セキュリティ・ダイヤモンド」です。日本とアメリカの日米同盟が軸となって、これにオーストラリアとインドを加え、この四つの大国、主要国がアジア太平洋の安全保障体制を担うという構想です。この4カ国を結ぶと、ちょうどダイヤモンドの形になることからこの名称が付けられたそうです。

　この4カ国のうち、すでに3カ国、日・米・豪の間では軍事的な連携が進んでいます。定期的に安全保障協議を行い、合同の軍事演習も定例化しています。日本とオーストラリアはすでに安倍第1次政権期の2006年から「準同盟」の関係に入っています。日・米・豪の連携は将来的に「アジア版NATO」の土台になるともいわれます。

　集団的自衛権や安保法制はこうした流れを背景にしていることに注目する必要があると思います。集団的自衛権というのは、自国が攻撃されなくても、同盟国のために戦うことを可能にする概念です。日本はこれまで戦争放棄の平和憲法に即して、集団的自衛権をもたないということにしていましたが、今回それを解釈改憲で変更しました。政府の説明では、主にアメリカが攻撃されたときに一緒に戦うという趣旨が強調されました。日米同盟の強化の一環ということです。しかし、集団的自衛権の解釈変更や安保法制と関連して、近年具体化しているのは、必ずしもアメリカとの協力にとどまらず、たとえばオーストラリアやインド、あるいはベトナムやフィリピンなどとの安全保障、軍事的な協力の動きであります。とりわけ際立つのは、南シナ海で中国と対立しているフィリピンやベトナムに対する日本の支援、関与です。両国に対して、日本は政府開発援助（ODA）を活用して、警備艇を提供しています。今年（2015年）5月には、フィリピン海軍と海上自衛隊が中国とフィリピンが領土紛争を抱える南シナ海で合同演習を行いました。

　安倍政権に近いある方がメディアで、集団的自衛権行使を支持する中で、国際的な安全保障で日本が積極的に貢献するためには、いざというときには武力の行使が可能という後ろ盾が必要であると強調しました。集団的自衛権が認められたからといって、すぐに武力を行使するのではなく、外交のためにも必要だという意味です。しかし、外交の面でも伝統的、古典的な「力の外交」の発想です。安倍政権が進めている安全保障外交について、ある意味

率直な表現だと思います。オーストラリアやインドなどと戦略的な協調を進めるためにも、最終的には軍事力の行使が可能な体制を整える必要があるという論理です。

　集団的自衛権や安保法制との関連であまり強調されませんが、当面の政策的な主眼は南シナ海への日本の関与拡大にあるように思います。台頭する中国と摩擦を抱えるフィリピンやベトナムへの支援に日本が本格的に乗り出そうとしています。アメリカのアジア重視戦略の一環でもあります。「中国の台頭」に対抗する体制づくりですが、財政難を抱えるアメリカにはベトナムやフィリピンを具体的に支援する余力がありません。その役割を日本に求めるという構図です。安保法制より一足先に日米ガイドラインが改定されましたが、そこで強調されたのは、平時における日米合同の警戒活動です。日本のＰ３Ｃ哨戒機による対潜水艦の追跡技術は世界でトップレベルだそうです。アメリカとしては、その能力を活用し、南シナ海で拡大する中国の潜水艦活動を牽制したいということでしょう。安保法制が成立した後、とりわけ南シナ海への日本の関与拡大につながる動きが様々な形で報じられています。日本にとっては、尖閣諸島の東シナ海だけでなく、南シナ海にまで活動を広げ、中国と対峙する構図になります。

　さらに、対テロ戦争に日本が軍事的に関わる場面が現れるかもしれません。つい先日（2015年11月13日（パリ））、フランスのパリでテロが起きました。非常に残酷なテロが起きました。早速フランスは、これは戦争であると宣言し、自衛権の発動として、シリアへの空爆を行いました。個別的自衛権ですが、さっそくその日から北大西洋条約機構（NATO）では第5条の発動、すなわちNATOの集団的自衛権の発動が議論されました。フランスと一緒にシリアなどで軍事活動をするときは法的根拠が必要になるわけです。

　全くの理論的な想定ですが、このようなイスラム国によるテロ攻撃も安保法制の重要影響事態に認定することが可能です。日本と密接に関係のある国が攻撃されて、日本に重要影響がある事態であれば、少なくとも後方支援ができるということになります。アメリカのように正式の条約による同盟国でなくても、日本と密接な国であれば、一定の条件の下、集団的自衛権の発動

が可能というのが安保法制です。すぐにそれが起きるということではありません。法律的に可能になったからといって、政策的にすぐ発動されるわけではありません。政府も様々な要因を考慮することになりますが、これから市民もその実際の運用に強い関心をもつ必要があると思います。

5.「中国の台頭」にどう対応するか

　一方で、安倍外交を全般的に見ると、東アジアの地域主義、地域協力からは後退している印象です。その背景にあるのは、やはり中国の台頭です。中国は 2000 年に世界貿易機構（WTO）に加盟し、2001 年から発効しました。それ以来、中国経済は急成長を遂げています。予想以上のスピードで経済力が拡大しています。ある意味、中国は世界の自由貿易体制の恩恵を最も受けてきた国ともいえます。その結果、2000 年に中国の GNP はちょうど日本の半分だったのですが、この 10 年間で倍になりました。日本と並び、日中逆転になったのが 2010 年です。中国が日本に代わって、世界第 2 の経済大国に躍り出ました。

　今や中国がいつアメリカを追い越すのかが話題になっています。様々な試算がありますが、もっとも楽観的な予測によると、2020 年代の前半に米中は逆転するだろうということです。中国経済が不安定なので、もう少しかかるのではという見方もあります。まだ中国経済や社会の実態では多くの問題がありますが、少なくとも経済全体のサイズでアメリカと肩を並べる状況はすでに現実になりつつあると言っていいかと思います。実際の購買力で考えると、すでに中国経済はアメリカより大きいという見方もあります。

　経済力が強くなるにつれて、中国国内で様々な変化が起きています。政治、外交、軍事の面で、ある種の大国主義の傾向も現れています。中国国内では、2000 年代の半ばぐらいから、大国として責任ある地位を取り戻し、相応の役割を果たすべきだという議論が広がってきました。2008 年にアメリカでリーマンショックがあり、また EU 危機が続いたので、欧米の衰退という見方も絡んで、これからは中国がもっと自己主張をすべきだという強硬

論が勢いを増し、政治、軍事、外交など様々な面で、中国の積極的な攻勢が際立つようになりました。

　少し難しい漢字ですが、従来の中国の外交方針は「韜光養晦、有所作為」という言葉で表現されました。鄧小平の政治的な指針ということです。「力を隠しながら、見えないところで、着実に実力を養い、やるべきことを粛々と行う」という意味です。つまり、中国は、まずは国際社会との対立を避け、自分の力を誇示することもなく、静かに経済発展に力を注ぐということで、1999年に外交の指針として提示されました。これが2009年の駐外使節会議で、「堅持韜光養晦、積極有所作為」に改められました。「堅持」と「積極」という二つの言葉を付け加えただけですが、実際の意味は大きく変化しました。「韜光養晦」を「堅持」しながら、「有所作為」をもう少し「積極」的にやっていく、やるべきことを積極的に行うということですが、主眼は「積極的に主張する」に置かれました。偶然でしょうか、安倍政権が標榜する「積極的平和主義」や「主張する外交」とも似たような用語法です。

　こうしたスローガンの変化とともに、様々な局面で、既存の国際秩序に挑戦するような動きが顕著になりました。BRICS、つまり、ロシア・インド・ブラジル・南アフリカなどと一緒にグループをつくり、独自の銀行を設立し、欧米主導の国際経済秩序にオルタナティブを提示するような動きを加速しました。習近平体制になると、初期に権力基盤を固めるという思惑もあって、ある種の大国主義ナショナリズムを前面に打ち出しました。「中国の夢」、「中華民族の中興」などを掲げ、アメリカに対しては、「新型大国関係」を呼びかけました。「大国」という言葉を躊躇せず使うようになりました。このように中国が経済力を土台にして、政治、外交、国際秩序の面で自己主張を強めたことで、「中国脅威論」が広がることになりました。

　「中国の台頭」にどう対応するか。国際社会にとって大きな問題です。対応にはいろんな方法があると思います。アメリカは試行錯誤を重ねているようにみえます。オバマ政権は当初、中国との協力関係を対外政策の軸に据えようとしました。オバマ政権の初期は米中協調路線がアジア政策の柱でした。米中主導の「G2」という言葉も現れました。しかし、習近平体制の中国が攻勢を強め、米中の摩擦が増えるにつれ、オバマ政権は次第に軍事的な

牽制に重点を置くようになりました。アジア重視戦略への転換です。最近、米軍の艦船が南シナ海に派遣されるニュースをよく聞きますが、こうした背景によるものです。

　しかし、米中関係は対立だけではありません。全体でみると、協調と対立の両面があります。経済、とりわけ金融の面では、「米中融合」の状況です。米中はほとんど一体化しています。軍事的には牽制しながらも、経済的には相互依存を深めているのが米中関係の現実です。安全保障分野でも米中は様々な協議メカニズムを築いています。アメリカも「中国の台頭」への対応をめぐって、いろいろと試行錯誤の途上にあるといえます。

　日本はどうでしょうか。アメリカと歩調を合わせて、どちらかというと、軍事的牽制に重点を置く方向に傾いているように思います。今後、いかにして、協調を含めて、総合的な対応の体制を築くかが課題でしょう。

　欧州はよりバランスの取れた戦略を展開しています。特に、イギリスは積極的に中国への接近を図っています。今年、アジアインフラ投資銀行（AIIB）が大きな話題になりました。中国の主導で、中国が巨額を出資して設立したものです。アジア開発銀行に対抗し、中国の影響力を高めるためのものとも言われました。アメリカが否定的な反応を示したにもかかわらず、イギリスは真っ先に参加を表明し、ある種のサプライズとなりました。それを契機に、ドイツやフランスなど欧州の主要国が雪崩をうって、AIIBに加わりました。AIIBの資金は中国ですが、運用は豊富な経験とノウハウをもつイギリスが中心となるのでは、ともいわれています。

　フランスやドイツなど他の欧州諸国も人権や南シナ海問題では中国を批判しながらも、経済面では協力関係を深めています。ある種のバランス外交といえます。

　日本では韓国の朴槿恵政権に対して、「対中傾斜」という批判が広がりました。歴史問題で日本を批判しながら、2015年9月の中国の戦勝記念式典への出席など、中国に近づいているのではないか、という懸念です。韓国の立場からすると、貿易の大部分を占める中国は経済面で重要な相手国であり、何より北朝鮮問題を考える際に、中国との協力関係の構築が欠かせません。別に「反日」のために、中国に傾斜しているということではありませ

ん。韓国にとっては、アメリカとの安全保障関係を維持しつつ、経済や北朝鮮問題をめぐる中国との協力関係をいかにバランスよく展開できるかが外交の重要な課題です。

ASEAN諸国も似たような状況にあります。南シナ海をめぐって、中国と摩擦を抱え、中国の軍事的な拡張に対抗して、アメリカとの安全保障関係を強化しながらも、他方では、中国の経済協力関係を深めています。中国の周辺にある国々の共通した課題であり、ジレンマといえます。

中国の台頭にどう対抗すべきか。そのまとめとして、国際政治学の理論からいくつかの概念を借りたいと思います。安全保障の確保には二つの手段、あるいは側面があります。一つは抑止です。安保法制との関連でもよく耳にする言葉です。日米同盟や集団的自衛権の行使が抑止力となって、紛争の発生を抑えるという議論です。確かに、現実の国際政治において、安全保障を確保するためには、一定の抑止力が必要であることは事実です。しかし、冷戦期の経験が示すように、抑止力だけに頼ると、「安全保障のジレンマ」が生じます。軍事力で相手を威嚇して安定を保とうとするのが抑止力という概念ですが、問題は威嚇された相手は、自らの安全保障のために、さらに軍事力を増強するなど、対抗措置を取るようになります。その結果、軍拡競争がエスカレートし、自分の安全を高めるために取った行動がかえって自分の安全を害するという逆説が生じます。これが「安全保障のジレンマ」と呼ばれる構図です。

このような悪循環を断ち切るために、冷戦期のヨーロッパでは、信頼醸成措置など、相手を安心させるための措置が必要であるという考えが生まれました。「相互抑止」（mutual deterrence）ではなく、「相互安心」（mutual reassurance）が必要というわけです。相手を脅すだけではなく、相手を安心させないと、本当の安定、安全保障は確保できないという発想の転換です。東西ヨーロッパの間では、1970年代に全欧安全保障協力会議（CSCE）が開かれ、軍事力の透明性、軍事演習の相互参観、軍事交流など信頼醸成措置を進め、「ヘルシンキ・プロセス」と呼ばれました。それによって軍縮が進み、東西間の交流が盛んになり、冷戦の平和的な終結の土台を築きました。冷戦期の米ソ関係、東西陣営の対立においても、抑止力への依存だけではなかっ

たのであります。

　日本での議論では抑止力が一面的に強調されていますが、危うさをはらんだ議論です。中国の拡張に対抗するために、日本の自衛隊が南シナ海にまで展開し、アメリカやフィリピンと連携して活動をすると、尖閣諸島と同じように、中国の艦船とにらみ合い、不測の事態になるかもしれません。必要なのは、中国との間での相互安心の体制づくり、信頼醸成措置です。中国を組み入れた2国間、多国間の安全保障枠組みを早急に構築しなければなりません。先般、約3年半ぶりに、日韓および日・中・韓の首脳会談が韓国で開かれました。様々な争点を抱えながらも、経済という共通の利害を土台に、関係を改善し、深めていこうという合意です。3国ともに、経済的には相手を必要としていますが、それこそが日・中・韓の重要な現実です。その共通基盤により注目する必要があります。

6. 日・中・韓のナショナリズム

　最後に日・中・韓のナショナリズムについて、いくつかの点を指摘したいと思います。日・中・韓には協力から得られる共通の利益が明らかにあるにもかかわらず、ナショナリズムの対立が協力を阻害しているのが現状です。ナショナリズムは理性より感情に左右される部分が大きいので、それを乗り越えるのは容易ではありません。まずは、その状況と構造をきちんと認識する必要があります。

　日・中・韓の間にはそもそもナショナリズムが衝突しやすい歴史的、また構造的な要因があります。それに加えて、近年、それをさらに促進するような変化がいくつかあります。大きく三つの点を指摘したいと思います。

　第一に、東アジアで進行する「パワー・トランジション」、つまり「中国の台頭」に集約される勢力関係の変化です。地政学的な力関係が変動するときは、国際政治的に不安定で、ナショナリズムを刺激しやすい時期です。強くなった中国ではいわば「大国ナショナリズム」が頭をもたげ、既存の優位が逆転される日本では、それに対抗する「反発ナショナリズム」ともいうべ

き感情が広がります。朝鮮半島では「統一ナショナリズム」が台頭しやすい状況になります。こうしたナショナリズムが渦を巻き、互いにぶつかりあうと、様々な衝突が起こる可能性も高まります。こうした不安定な転換のプロセスをいかに管理するかが東アジアの大きな課題です。

　第二に、民主化です。ここでいう民主化とは、国家の統制が弱くなり、一般市民の声、世論が政治や政策により大きな影響力をもつようになることを指します。その意味では、日・中・韓はともに民主化のプロセスにあるといえます。歴史問題をはじめ、以前は国家が押さえていた様々な問題が噴出し、外交関係にも影響を及ぼします。民主化が進むことは大変良いことですが、政治的にも外交的にも不安定さは避けられません。揺れながら進むのが民主主義です。問われるのは、市民社会の力量、バランス能力です。市民社会が成熟していれば、多様な声が調整され、安定的な均衡が図られるはずです。しかし、東アジアではまだ市民社会がナショナリズムに取り込まれているところが多く、民主化がむしろ国家間の対立を激化させるという不幸な構図になっています。

　最後はグローバル化です。相互依存ですね。グローバル化というのは、国境の垣根が低くなることを意味します。国境の壁が低くなると、様々な便益があります。物が安くなり、人々の移動も自由になります。しかし同時にグローバル化には、大きく二つの問題が伴います。その一つは「格差」です。グローバル化は新自由主義と結合しているので、市場原理が拡大することで、格差が広がります。日・中・韓ともに、格差問題が大きな課題となっています。社会が寸断され、「勝ち組」と「負け組」に分化していきます。格差に対する不満がナショナリズムを助長する要因にもなります。

　もう一つは、「不安」です。これまでは国境がそれぞれの社会共同体の同質性を守る枠組みでした。しかし、この国境が緩くなることで、「異質」なものが外から入ってきて、社会の均質性を破壊するのではないか、という「不安」が増大します。グローバル化と並行して、「アイデンティティの政治」（identity politics）が指摘されています。世界をフラットにするグローバル化が進めば進むほど、その反動として、民族や宗教などに基づくアイデンティティへの関心、拘りがむしろ強まる現象を指します。グローバル化の進

展で「不安」が高まっても、だからといって、現在の相互依存の状況では、再び国境を物理的に閉ざすことはほぼ不可能です。そこで、「心の国境」というべきでしょうか、意識の中での線引きが始まり、異質の区別や排除の心理が働くということです。

各地で強まるナショナリズムもこうした「アイデンティティの政治」の表れとして説明することができます。これにも二つのベクトルがあります。まずは、国家による「上からのアイデンティティの政治」です。各国の政府はグローバル化への対応として、経済、社会的には国境の垣根を低くせざるをえません。その中で、いかにして国民の一体感を維持するか、新たな国民統合が課題となり、愛国心や国家観など、意識の面での統合、引き締めのための政策を展開するわけです。中国では1990年以後、愛国主義教育が強調され、日本でも教育基本法で愛国心教育が導入されました。

他方、「下からのアイデンティティの政治」現象もあります。不安になった普通の人々が、心のよりどころを求めて、国家や民族といったアイデンティティへの関心を強めています。アメリカの政治学者B・バーバーが書いた本で『ジハード対マックワールド』というものがあります。グローバル化する世界を「マックワールド」と表現しました。世界がみんな同じようになる。同じようになると便利で良い面もあるけれど、自分の文化が破壊されることへの不安や不満が募る。自分の社会を守ろうとする動きが極端になっているのが「ジハード」ということです。

東アジアの場合、国家に結び付く傾向が強く、上から、また下からのナショナリズムを刺激しています。ここで強調したいのは、これが日・中・韓で同時に進行している共通現象であるという点です。それについては、高原基彰氏の『不安型ナショナリズムの時代』がよく分析しています。日・中・韓はそれぞれ一億総中流、社会主義、開発独裁の形で社会が一丸となっていたのですが、経済のグローバル化などで、次第に格差が広がり、その不満からナショナリズムが台頭するという構図では、日・中・韓が共通しているということです。「不安型ナショナリズム」とは適切な表現だと思います。

最後に、日・中・韓の共通現象としてのナショナリズムという点をもう少し敷衍したいと思います。高原基彰氏が指摘する通り、日・中・韓のナショ

ナリズムは構造的に共通していますが、その表れ方や論理の面でも驚くほど似ています。日・中・韓のナショナリストは互いに衝突していますが、その論理や思考方式はほぼ同じです。たとえば、「相手は変わっていない」という見方です。日・中・韓で相手を非難するときによく出てくる論理ですが、現在に起きていることを百年、千年前の歴史と結びつけて捉えるわけです。週刊誌などに登場する文化や文明のDNA論もそのような発想です。また、「相手は一枚岩」という見方も加わります。何かが起きると、それを全体として解釈します。私たちが心がけるべきは、まずは相手の変化や多様性に目を向けることだと思います。国家を一つの単位としてみるのではなく、その中に多様な声、様々な動きがあることに注目することが、日・中・韓のナショナリズムの対立を乗り越える第一歩になります。

　また、国家間で何か摩擦が生じると、「相手は攻撃的で、自分は防衛的」という論理と心理が働きます。つまり、先に問題を起こしたのは相手で、自分はそれに反応しているだけ、ということです。実際には、おそらく「相互作用」だと思います。何か問題が生じるたびに、「原因は相手の国内事情」だという説明をよく聞きます。「自分には責任がない」ということになります。それぞれに「国内事情」があり、それが「相互作用」を起こしているという立体的な視点が必要だと思います。

　自分中心の論理を超え、国境の向こう側に想像力を及ぼすことが求められます。そのためには、やはり市民社会の交流を幅広く、持続的に展開するしかありません。ヨーロッパの経験から学ぶべき点は多くあります。印象深い数字が一つあります。ヨーロッパ統合を牽引したのは独仏関係ですが、その礎となったのが1963年の独仏協力条約（エリゼ条約）です。独仏の和解を促進するため、様々な事業を展開しました。その中で最も成功したといわれるのが青少年交流事業です。13歳から30歳までの若い世代の交流プログラムです。2013年がエリゼ条約50周年ということで、報告書が出ましたが、この青少年交流事業に参加した人が50年間で800万人ということでした。年間で16万人の若者が相手国に一定期間過ごしながら、直接体験をしたわけです。独仏の各界の指導層はほとんどが参加の経験があるそうです。大きな数字です。ドイツとフランスの人口は合計で約1億5000万人です。日本

と韓国の人口を合わせると、約1億7000万人でほぼ同じ規模になります。人口比でいうと、日韓の間で年間16万人の若者が交流をする計算になります。日韓でこれが実現すると、日韓関係や相互の認識も大きく変わるでしょう。さらに、中国を加えると、人口の合計は15億を超え、10倍の年間160万人の交流になります。遠大な目標ですが、確実に未来につながる道だと思います。

　ご清聴ありがとうございました。

第2章

東アジアの和解とレイシズム
――ヘイトスピーチを支える日本社会を問う――

辛　淑玉
（人材育成コンサルタント・ヘイトスピーチとレイシズム
を乗り越える国際ネットワーク共同代表）

辛　：初めまして。辛淑玉と申します。今日初めて生で実物の私を見るという方はどれくらいいらっしゃいますか。ほとんどの方ですね。

　今ご紹介いただきましたが、インターネットで一度「辛淑玉」と検索してみてください。どわーっとものすごい形で出てきます。それを見ると、ああ、こんなふうにたくさん書かれても人間は生きていけるんだ、と安心できますから、何か辛くなったらやってみてください。

　今日ここにきている方の中で、実際に目の前でヘイトデモを見た方はどれくらいいますか？　10人ぐらいですね。はい、ありがとうございます。今、手を挙げたあなた、どこで見ましたか。

フロア：靖国神社に行ったときです。

辛　：靖国神社に行ったときね。はい。どんな感じでした？

フロア：すごい大行列で……

辛　：大行列で、カーニバルのようで。そうですね。今から見せる映像は私たちの社会で起きていることです。ピックアップしたごく一部のものだけです。3月から8月までの間に、確認できただけで161件。今もあちこちで行われています。今回私は「のりこえネット」という、ヘイトスピーチやレイ

シズムと闘う、乗り越えていくという団体を作ったのですが、東京の新大久保に拠点を作りました。ヘイトスピーチのメッカといわれています。そこに拠点を作りまして、1カ月の間にどれくらいの嫌がらせメールがきたと思いますか？　100件ぐらい？　ありがとうございます。20万450件です。今この社会はどちらに向かおうとしているのか。まずこの映像を見て、そして一緒に考えていきましょう。

　　　映像を見る

辛　：一番最後に鶴橋で話していたのは女子中学生ですね。この映像は世界中に流れました。驚愕されたわけです。それで、集会が終わった後、最後に集まってみんなで解散式をやりますね。そのときに彼らが言う言葉はなんだか想像つきますか。みんな集まってデモをやったりすると、「お疲れ様でした」なんて言いますね。ああいうふうに「殺せ、殺せ、朝鮮人を殺せ、レイプしろ、ガス室に送れ」と言った後に、彼らが一番最後に言う言葉。……「今日も楽しかったね」「ああ、今日も楽しかったね」です。

　先に言っておきます。何度も「在日特権」という言葉が出てきますが、今日はそのことについて詳しく説明する時間はありません。ただ、はっきり言えることは、在日に特権は一つもありません。それは本を1冊読んでいただければわかります。

　今日は、日本の社会がいまどうなっているのかということを、少し一緒に考えてみたいと思います。皆さんは、この人が記憶にありますか？　どこかで見たことがある？　テレビで見た？

　この人は2013年6月25日に自殺しました。名前は小泉さん。岩手県の県議会議員でした。なぜ自殺したのか。彼はブログで自分のことを書きました。病院に行って、長く待たされて、会計のときに番号で呼ばれた。今は個人情報保護法がありますから、銀行でも郵便局でも病院でも番号で呼ばれます。でも番号で呼ばれたことに彼は腹を立てて、俺は犯罪者じゃないんだと言って、お金を払わないで帰りました。そのことをブログに書きました。たぶん、読むのは自分の身内だけと思っていたのでしょう。

しかし炎上しました。炎上して、200件から300件の抗議がきた。その後彼は謝罪の記者会見をします。けれども収まらなかったんですね。ついに彼は自殺しました。それで、自殺した後に、彼に対して書かれた言葉はどんなだったか。「死ね、キチガイ、精神病、閉鎖病棟に入れ」「生まれたところからやりなおせ」「マジキチ、キモすぎ」「地獄で苦しめ。ざまあ」「え、あのおっさん、自殺したんや（笑）」「迷惑だからそのへんで死ぬなよ」「朗報。おれたちが追い込んだ岩手県議小泉光男自殺バンザイ」「笑っちまったわ」「これがキチガイクレーマーの末路」「岩手県議小泉光男キチガイすぎる」そして、彼の写真を出して、「うん、これはキチガイの顔ですよ」と。

　これをやった人たちは、おそらく「追いつめたのは俺だけじゃない」と思っているのでしょう。これと同じようなことは学校でも起きています。子どもが7年間いじめられて、警察沙汰になるような大きな事件になりました。いじめていた子たちの親が呼ばれたとき、一番最初に言った言葉は、「うちの子だけじゃないでしょ」。そうですね。「みんなでやれば怖くない」ですね。

　この間、最高裁で違憲判決が出ました。婚外子、つまり法律婚の外で生まれた子どもと法律婚の中で生まれた子どもを、きっちりと平等に扱わなければいけない、だから今の法律は間違っている、違憲だとする判決が出ました。

　そしたらネット上で、これは今も結構炎上しております。「夫も取られて金まで取られるのか」と。外国人の女に日本のお金が取られるという、こういう発想です。つまり、本妻は日本人で、そして愛人は外国人の女、という設定にして盛り上がっています。法律婚の外にいる女のくせにということですね。

　男社会は、女を二分します。聖母マリアのような、貞淑な妻、母としての女と、そしてもう一つは性欲のはけ口としての女。この下のところに出ているのは、ちょっと見えづらいかもしれませんが、日本が作った慰安所の場所です。爆発的な数の慰安所を作りました。そして、慰安所を作る一方で日本の中では何をしたか。銃後を守る妻たち、貞操感のある妻たちを作っていきました。この発想というのは今も続いています。

これは国が出したポスターです。「行ってらっしゃい。エイズに気をつけて」。つまり、外国に行けば女を抱くという、こういう発想ですね。手元にあるのは日本のパスポートです。海外に行って女を抱く。だからエイズに気を付けてね、と。

　この感覚で、同じようなことを言ったのが橋下さんです。慰安婦は必要だった、米軍も風俗産業を活用したほうがいい、と。つまり、男の性欲は我慢できないのだという発言をし、そして女性を非常に侮辱しました。

　このとき非常に面白かったことがあります。彼はずっと安倍さんが大好きです。安倍首相が政権のトップに登り詰められたのも、橋下さんが支持したからです。彼が絶頂期のころ「安倍さんいいねえ」と言ったそのおかげで安倍さんは自民党の総裁選に出て、そして総裁になり、日本の首相になっていきました。彼はずっと安倍さんにラブコールを送っています。これも、安倍さんが日本軍性奴隷の問題でピンチだったときに発言したのです。ところがこのとき安倍さんは何と言ったか。「安倍内閣、自民党の立場とは全く違う発言」だと言ったのです。言っていることは全く一緒です。なのに全く違う発言だと言いました。これは党を守るために言ったのか。私はそうは思わなかった。きっとこう言ったのだと思います。「私はあなたとは違う」と。その「あなたとは違う」というのは、「あなたのようなチンピラ政治家とは違う」という意味と、もう一つ「私は立派な家系の出で、あなたのような出自の怪しい部落民とは違う」という意味が込められていた、少なくとも私はそう受け取りました。なぜなら、野中広務さんと一緒に『差別と日本人』という本を出したとき、あの国会の中、議員たちの間でどのようなことが語られているか、あの人たちが、「あいつとあいつは部落だよな、あっはっは」というような発言を日常的にしていることを知ったからです。

　そしてこれは、2013年1月27日です。沖縄の首長さんたち、自民党もいれば無所属も民主党も社民党もいる、オール沖縄のすべての首長さんと議員たちがきて、東京の日比谷で集会をし、デモをしました。オスプレイ反対のデモですね。沖縄だけがいつもそのような負担を強いられることに対して、もうこれは嫌だという声をあげました。

　このとき彼らに投げかけられた言葉が、「ゴキブリ」「ドブネズミ」「売国

奴」です。これはそのときの写真です。こちらの手前にいるのが沖縄の人たち、そして向こうにいるのがヘイトスピーチをやる人たちです。このとき、自民党の首長さんがこう言いました。「日の丸はそういうふうに使うんじゃないんだ」と。彼らは、本土復帰のとき、日本の一員になろう、日本国憲法の下に入ろうとして、どれほどの血を流し、涙を流して本土復帰を果たしたか。そのときに振ったのが日の丸です。いま、その日の丸で彼らは叩かれています。「売国奴」「反日非国民」「ゴキブリ」「ドブネズミ」。その裏には「沖縄人のくせに」という思いがあるんです。

　日本は拷問禁止条約を批准しています。批准していると、2年に1回状況報告をしなくてはなりません。2013年5月21日から22日の拷問禁止委員会で、日本政府はすごく曖昧な報告をしました。どう曖昧かというと、日本には非常に簡単に犯罪者を作れる、つまり冤罪を作れる構造があります。もしあなたが何もしていなかったとしても、警察があなたがやったと決めれば、あなたは起訴されます。つまり、いったん容疑者にされ、起訴されたら、その人の有罪率は99.9%です。最長23日間もの長期拘束、その間に自動的に弁護士がつくとはかぎりません。朝から晩まで徹底した自白の強要。それによって冤罪が山のように生まれています。そしてその先にあるのは死刑です。

　だから、拷問禁止委員会で世界中の委員から、なぜ改善をしないのかと聞かれました。それに対して曖昧な答えをしていたときに、1人の委員がこう言いました。「日本は中世の国か」と。そしたら、クスクスっと笑いが漏れたのです。このとき日本の人権人道大使の上田さんは何と言ったか。"Don't laugh"「笑うんじゃねえ」と。そして"Shut up"と言ったんですね。「黙れ」と。国連でですよ。わかりますか。国連の委員会で「笑うんじゃねえ、黙れ」と言った。そして次に、「日本は人権先進国だ」と言ったのです。なぜ彼がこれを言えたのか。指摘したのがアフリカ人の委員だったからです。もしこれがアメリカやヨーロッパの委員だったら、彼は言ったでしょうか。言わないよね。「アフリカ人のくせに生意気なことを言うな」ってね。そういうことなんですよ。

　これは狭山事件。彼は100%無実です。一審では死刑判決、二審で無期懲

役になり、たくさんの運動とたくさんの新証拠の結果、彼は仮釈放されました。だけども、まだ仮釈放です。

　そして……彼と一緒にいると、もう泣けてくるんだよね。きちっと立って、ピシッとお辞儀をするんです。これは刑務所生活が長かった人たちの特徴です。立ち居振る舞いがとてもきれいです。そういうふうにしなければ許されないからです。自らの意志で扉を開けることも許されません。だから扉の前でこういうふうに立ちます。彼のその立ち居振る舞いを見ると、その美しさの向こうに三十数年間の獄中生活が見えてきます。

　そして、こんなにも、全国をあげて運動しているのに彼が無罪を勝ち取れないのは、「部落民のくせに」ということです。「部落民」に国家権力が負けるなどということは許されないのです。

　これは死刑執行の図です。なぜ拷問禁止条約で絶対に死刑はいけないとされているのか。まずその酷さですね。執行では、ここから出てきて、ここで首をくくって、そして下の板が落ちます。落ちたらすぐ死ぬなんて思わないでくださいね。13分から15分間、こうやって踊るんです。それから、体からいろんなものが出てきます。非常に酷い刑の一つです。そしてこの死刑というのはいつ行われるのか。国際社会の中で、死刑がなぜダメなのかと言ったら、戦争のとき最も多く執行されるからです。国が危機的な状況のとき、最も多くの死刑が執行される。だから、死刑制度を止めれば、国がどんな状態になったときでも、少なくとも殺されることはない。最後の一線なんです。いったん起訴されれば国家が99.9％の確率で人を有罪にできる。そしてその先には死刑制度がある。ということは、もし国が何らかのかたちで暴走した瞬間に、無実の人たちが山のように罪を作られて、全部そこにもっていかれるのです。だから国際社会は、長い歴史の中で多くの人を殺してきて、殺して殺して殺しまくってきた結果としての今があるがゆえに、死刑制度には反対なんです。でも日本は、そんなことは考えません。

　そしてこの人。私は谷垣さんという人をよく知っています。これは私の個人的な感想ですが、凡庸でつまらない普通の男です。だけど自民党の総裁になりました。でも野党だったからなれたのです。与党だったらなれていない。その彼が、首の皮一枚で法務大臣になりました。法務大臣になった瞬間

に、死刑執行をしました。まず3人、次に2人、また1人と。

　死刑というものはもう少し考えなければいけない。しかも明らかに冤罪がある。和歌山カレー事件、知っていますか？　和歌山で、お祭りのときに作ったカレー鍋の中にヒ素が入っていて、たくさんの人が死んだんですね。それはいまだに物証が一つもない。物証が一つもないのに死刑が確定しました。そんなことはいっぱいあります。一つも物証がなくても日本では死刑が確定します。

　そして彼は6人の死刑を執行しました。なぜ彼はそれをやったのか。この人は、私の記憶する限り、取り立てて何の業績もない人です。東大に入るのに何年もかかっています。東大を卒業するのにも何年もかかっています。司法試験も何回も落ちてやっと受かりました。ある意味、やはり親を喜ばせたかったんでしょうね。自分の行きたい道とは違う。けれども、親を喜ばせたくて、一生懸命自分の能力以上に頑張ったのかもしれません。

　そして彼は、親のあとを継いで政治家になりました。34歳で、司法試験合格直後に政治家になりました。つまり彼には、法律家としてのキャリアも、何の実績もないんです。その彼が法務大臣になるというのはどういうことなのか。そこで何か実績を残さなければ次はない。日本で、今の政権の中で、法務大臣が実績を残すとしたら、それは死刑執行のボタンを押すことです。死刑というのは正義のために行われるわけではありません。自分のキャリアのために行われることのほうが圧倒的に多いのです。

　これは今起きている、皆さんもよくご存じの「バイト・テロ」です。バイトの人たちが飲食店のシンクの中に入ったり、冷蔵庫の中に入ったりして、顔も店もわかるようにしてネット上に公開します。これは、パンの上で寝て、そしてその後このパンを焼いて出すわけですね。陳列棚の上に乗ったり、お客さんに出す前のピザを顔につけたり。これはおそば屋さんですね。この店は潰れました。お客さんにしてみれば、そんな店には行かないですよね。炎上し、潰れました。これはお好み焼き屋さんです。鼻の中に突っ込んでいるのは、みんなで使うマヨネーズとソースです。このようにしてお店が潰れていきます。

　この人たちは顔を出しています。お店もわかります。なのにやります。な

ぜでしょう。その根底にあるのは、憎しみです。「怒り」じゃない。「面白さ」でもありません。もう、反社会的な行為をしたからといって、それでダメになるほどの社会上昇はもともとないんです。クビになったらまた他の店でバイトをするだけです。生活が安定している公務員や教員に対する憎しみ、「二等国」のくせに偉そうにしている韓国や中国に対する憎しみ、その韓国や中国からやられるかもしれないのに基地はいらないと駄々をこねる沖縄への憎しみ、電気代が値上がりして自分の生活が脅かされるかもしれないのに反原発を叫ぶ人々への憎しみ、金のない男には見向きもしない女への憎しみ。それらは国家が、政権が認定した敵です。その敵に対して、安心して攻撃をかけています。だって、何をしたって、自分たちにはもう失うものがないんですよ。

　そして就活の厳しさね。あれは人間をダメにしますよ。何十社も受けて、何回も何回もダメ出しされて……。ちゃんと大学を出たのに、でもバツをくらう。そして自分はコンビニの店員をやっている。最初の就職戦線で失敗すると、次はなかなか難しい。日本の企業そのものが、非常にある種の「処女性」を重んじるからです。

　みんながそうやって安倍政権に一生懸命くっついていって、政権が指差す相手を叩いている。尻尾を振っているんです。でも安倍政権の向いている方向というのは、企業がもっと生産性を上げられる方向です。それは、不採算部門を簡単に潰して新しいことができるように、企業がもっともっとフレキシブルになれるように。そのためにはどうするかというと、彼は二つのことを展開しています。

　一つは、派遣法の緩和です。今までは正規の職員しか許されなかったすべての職種が派遣になっています。でも、人生って、正規の職員じゃないと計画が立てられないんですよ。不安定で低い賃金では、今のことしか考えられなくなります。そして、残業代をゼロにし、労働者が何か文句を言ってもお金で解決できるようにしました。

　今までは、工場一つ閉鎖するのも大変でした。その人たちの再就職先の手配とか。だけど今は違います。文句を言ったら、はい、じゃあ2カ月分で。はい、3カ月分で。金で解決できます。昨日まで工場で頑張って働いていた

人たちが、明日から営業ができるかといったら、それは無理です。人間というのは、機械じゃないんです。人間には心があります。意志があります。夢や人生があります。でもそれは考えないんです。そういうふうにして、企業はどんどん力をつけていく。

そして、それをするためには法律を作らないといけない。でも、法律を制定するのはとても大変です。だから戦略特区を作ります。そして、法律がなくてもできる状態にもっていくわけです。日本人の「二級市民化」というのがどんどん進んでいるわけです。これは、日本人の朝鮮人化です。朝鮮人は就職もできませんでした。もちろん公務員にもなれませんでした。今もなれません。なれるのは一部の地方自治体だけで、管理職にもなれません。つまり「二級市民」を作っていくという構造のなかに今入っているのです。

私の宿敵の石原慎太郎。この人は、70歳を過ぎたら全員政治家を辞めなければいけない、そうしないと政治がどんどん古くなると若い頃は言っていたのですが、自分は80歳になって国会に出ました。彼は、2010年、与党の党首には帰化した者の子孫が多いと言ったのです。「帰化」というのは差別語です。辺境の蛮族が中国皇帝の「王化に帰する」という意味なのです。当時の連立与党党首は鳩山由紀夫と福島瑞穂でした。まさか鳩山由紀夫のことを言ったわけではありません。ターゲットは福島瑞穂です。

そして福島瑞穂はこう言いました。「私のことを言ったのだと考えた。でも私も私の両親も帰化した者ではない」と。石原慎太郎の差別は単純ですが、こちらの差別のほうがもっと深い。「私を朝鮮人と一緒にするな」と言ったのです。社会的差別というのは、こういうところにあります。「お前、部落民だろう」と言われて、「俺は部落民じゃない」。それは差別です。石原慎太郎がやるような差別はとても単純でわかりやすい。「支那人だ」とか言うわけです。「三国人だ」とやるわけです。だけど「私はあの人たちとは違う」、この無意識の差別というのが、この社会を今覆っているわけです。

私は朝鮮人として生まれました。国籍は韓国なのに、なぜ自分のことを「朝鮮人」と言うのか。「韓国人」より「朝鮮人」という言い方のほうが、はるかにこの社会でひどい扱いを受けるからです。私には、新山節子という日本名もあります。新山節子という名前と辛淑玉という名前では、辛淑玉のほ

うがはるかにひどい扱いを受けます。でも、両方とも私なのです。私は、自分の中の何か一つを否定されたいとは思っていません。私は私です。そこには民族心や愛国心なんか、かけらもありません。1人の人間が、一個人として生きていこうと思ったとき、否定されたくない。私は朝鮮人だ、だから何なんだ、というかたちで向き合っています。

　私のおばあちゃんは1901年生まれです。おばあちゃんには、最初、初子という名前がつけられました。ところが、初子では皇国臣民としての従順さが見えないというので、千代子に変えられました。「千代に八千代に」の「千代」です。

　おばあちゃんは12、3歳のとき日本に来ました。口減らしのために日本に送られたのです。そして彼女は紡績工場に入りました。これがそのときに写した写真ですが、彼女は死ぬまで一度もこの写真を見ようとしませんでした。おばあちゃんは日本語がとても堪能でした。でも、夜中にガバッと起きます。そして夢遊病のように家の中を歩き回ります。そのときだけは朝鮮語になります。死ぬ直前も朝鮮語でした。本人は日本語をしゃべっているつもりなのに、朝鮮語だったのです。

　あるとき私はおばあちゃんに、どんな夢を見ているのと聞きました。いつも夢遊病のように歩き回るのが不思議だったからです。するとおばあちゃんは、「日本人が追いかけてくるんだ」と言ったのです。そのときは全く意味がわかりませんでした。でも、おばあちゃんが死んで十数年経ってから、在日の生活調査というのがあって、そこで関係者と話をして驚きました。同じような行動をする朝鮮人が何人もいたからです。しかも全員が関東大震災の体験者でした。

　関東大震災のとき何が起きたのか。おばあちゃんは日本の良心ある人に助けられて命を長らえました。3人の目撃者の証言をここで簡単にお伝えします。福島善太郎さんの証言です。「9月2日の昼下がり、後ろ手に数珠つなぎにされた朝鮮人に、兵隊たちが銃剣を振り下ろしていました。頭がい骨が砕かれ、血が一面に飛び散りました。ざまあみろ、不逞鮮人め。兵隊たちは口々にそう言いながら、襲いかかっていきました」。篠原京子さんの証言です。「御蔵橋の袂で、下手な日本語でしきりに謝っている朝鮮人がいました。

薪でおこした火の上に4、5人で引っ張っていかれ、下から燃やされているんです。焼かれている人は悲鳴をあげているのですが、もう弱々しい声でした」。和田正孝さんの証言です。「四ツ木橋では、野次馬が中年の朝鮮の女性をぐるぐる巻きにしてしばり、手足を押さえて仰向けにして、トラックで轢いていました。まだ手足が動いていると、もう一度といって轢き殺しました」。

つまり、彼女の行動は、PTSD（心的外傷後ストレス障害）のせいだったのです。このとき、部落の人たちも殺されました。香川県から行商に来ていた被差別部落の人たち10人。日本人だとわかっても殺されました。殺人者たちは、「最初に朝鮮人だと間違われたのだからしょうがない」と言いました。

そして、ヘイトクライムはずっと続けてありました。1997年、エルクラノ君。この子は日系ブラジル人で、日本語が不自由でした。この子は20人の日本人の少年に連れ去られて、何時間も暴行を受けました。その子たちは、公園にこの子を連れて行ってから、何回も家に戻り、バットやゴルフクラブやナイフを取りに行っています。そして、何時間にもわたってこの子を暴行し、殺しました。殺した人たちは、悪いことをしたとは全く思っていません。外国人は悪い奴らだから処罰したのだと。連れ去られそうになったとき、この子は駅員に助けを求めました。ところが駅員は、自分で警察に電話しろみたいなことを言って、少年たちに引き渡してしまいました。彼は親に携帯で電話をかけました。助けてと。でも自分がどこにいるのかわかりません。親は何時間も何時間もこの子を探して、街中を、自分の知っているところを全部探しまわりました。でも、この子が発見されたときは、もう意識がなかったのです。そして、この子は14歳で命を閉じました。死ぬ前にこの子が言った言葉は、「パパ、ママ、愛してる」でした。何も悪いことなどしていない。殺されたのはブラジル人だったからです。これは単なる少年犯罪ではない。ヘイトクライムですよ。

そして地域振興券です。1999年、子ども1人あたり2万円の商品券が配られました。誰に配るか、在留資格によって分けられました。当時この神戸にいたのは定住ベトナム人です。インドシナ難民の定住センターがあります

ね、姫路に。そこから来た人たちが、この神戸にたくさん住んでいました。でも、その子どもたちには配られませんでした。その子たちは日本で生まれ、日本で育ちました。同じ学校の中にいながら、ゲーム機が買える子どもには2万円が配られ、明日の飯も食えないかもしれない子どもには配られなかったのです。そしてみんなが、商品券で何を買ったという話をします。このとき私は、ベトナム人のお母さんと話をしました。彼女は、拙い日本語でこう言いました。「この国には夢がない」って。難民だからですよ。難民だからそういうふうに扱っていいんだ、ということです。

先日、慶応義塾大学で授業をしました。このヘイトデモの映像を見せた後に、学生が言った言葉です。「日本人には、外国人に『出ていけ』と言う権利がある」と。次に言われた言葉は、「やられるにはそれなりの理由があるはず」でした。やられている人たちは決まっているでしょうと。決まっていますよ。アイヌ、ウチナンチュー、韓国・朝鮮人、中国人、婚外子。国家が敵だとしている人たちですよ。だから安心して叩いているんです。女性が暴力を振るわれたとき、殴られるお前に問題がある、と言うのと同じです。怒らせたお前がいけないんだと。殴った自分が悪いとは決して言わない。ではあなたたちは、このことについてどう思うのと聞きました。そしたら、次に出てきた言葉は、「私の意見はありませんが」と。これは日本語で何と言うのかといったら、「思考停止」と言います。自分の意見はないんですね。誰かの考えをコピペしているだけです。

そして国家は、私たちを見事に騙します。被災地で事切れた24歳の遠藤未希さん。彼女は南三陸町の庁舎の中で、「津波が来ます、逃げてください。津波が来ます、逃げてください」と放送しながら、そのまま津波に呑まれました。彼女のことをこの国はものすごく素晴らしいと言って、そして教科書の副読本にしました。当時の野田首相は所信表明演説で、「この国難のただ中を生きる私たちが、決して忘れてはならないものがあります。それは日本人の気高き精神です。危機の中で公に尽くす覚悟です」と。これを聞いた瞬間に、こいつは最低な男だと思いましたね。

この子がいた南三陸町のその庁舎の前に立って、わかりました。逃げ遅れたんです。腰が抜けたのでしょう。同じフロアにいて助かった人もいます。

そして彼女と同年代の友達が送ったメールの中に、「津波6メートルだって。がんばってくる」と書いてありました。6メートルなら助かったでしょう。でも実際には15メートルでした。ご遺体が発見されたのは早かったけど、本人だと確認できるまで何カ月もかかりました。ご遺体がどれほど損傷が激しくて見るにたえないか、親からしてみればどれほどの衝撃か。24歳で、恋人もいて、恋人がくれたミサンガが一つの決定打になって身元が確認されました。おいしいものも食べたかっただろうし、旅行もしたかっただろうし、親孝行もしたかっただろうし、結婚もしたかっただろうし、あらゆるものが奪われていったのです。

　美しい犠牲を求める者が自ら犠牲を払った例を、私は見たことがありません。どこかに犠牲を求めて、住民のために死ね、国家のために死ね。そして美しく死んでくれたら靖国に祀るんでしょう。こういうものに絡め取られ、そしてこれが教科書に載せられていく。

　命には格差があります。一級市民は日本国籍をもった東大出のヘテロの健康な男です。そこからどんどん下がっていきます。そして「二級市民」があり、私のような朝鮮人の口うるさい女など、「二級市民」のさらに下なんでしょう。

　1995年、阪神淡路大震災が起きました。このとき壊滅的にやられたのは、朝鮮人の密集地と被差別部落の指定を拒んだ地域です。戦後の復興時の差別が、そこに貧しい街を作りました。そしてそこが壊滅的にやられたのです。それは上からのレイシズムです。私が小さかった頃、朝鮮人は国民健康保険にも入れませんでした。就職ももちろんできませんでした。賃金も安かった。そして家も貸してもらえなかったのです。そこから這い上がるというのは、本当にごく一部の、力のある者しかできませんでした。

　そして今起きていること。「良い韓国人も、悪い韓国人も、どちらも殺せ」という、この「殺せ」コールは、下からのレイシズムです。今、日本の社会は、上からのレイシズムと下からのレイシズムががっちり噛み合った社会になりました。竹島はどちらの領土だと思いますか？　尖閣は？　この質問がよく投げかけられます。そして、これを日本の領土ではないと言う者は反日だとされます。戦争になったらどっちにつきますかという踏絵は、私たちだ

けではなく、皆さんも踏まされているということです。私はこう答えます。「戦争になったら一番先に殺されるのは私です。日本にいても殺される、韓国にいても殺される、もちろん北朝鮮に行っても殺される。それが戦争です」と。そして、次に殺されるのはあなたです。ここにいるみんな、私と関わったせいで、次に殺されるんです。今日レポートかなにかで、いろいろ考えさせられましたなんて書いてしまったら、それが証拠になります。それが戦争の現実なんです。

　そのときに、自分だけは殺されたくない、自分だけは何とか生きていたい、でも誰も助けてくれない、ということを学ぶんです。自分たちは、今まで助けられた経験がない。誰かがいじめられていても見殺しにしてきた。だから、自分だけは絶対いじめられたくない。自分だけは残りたい。蹴落としてでも残りたい。それくらい今の社会というのは逼迫しています。彼らは何と言っているか。俺は日本人なんだ、俺は日本人なんだ、俺は日本人なんだ。日本人の俺を助けてくれと言っているわけです。それは、日本人であるということがこの社会では特権だからです。

　でもね、在特会（在日特権を許さない市民の会）の中にはマイノリティもいるんです。あのように「朝鮮人を殺せ、殺せ、殺せ」と叫んでいる者たちの中に、私と同じような在日がいます。これが、KKKとかヌーベルフロンティアとか、ヨーロッパやアメリカの排外主義団体とは全く違うところです。あの中に朝鮮人がいて、朝鮮人が朝鮮人を殺せと言っています。なぜでしょう？

　私の叔父の話をして終わりにしたいと思います。私は親戚中からとても嫌われています。朝鮮人として生きているからです。私の親戚たちは、もう母の代から皆日本の国籍を取っています。その叔父が、私の顔を見てこう言います。「俺はな、お前とは違うんだよ。俺は帰化できる朝鮮人なんだ」。わかりますか？　朝鮮人であるということに、いいことは何一つないわけです。そして、奪われた自尊心を満たすために、より下を作ります。過剰適応していくのです。叔父はこのあいだ死にました。その叔父が、死ぬ1カ月か2カ月ぐらい前に、少し経済的に豊かな親戚のところに、金の無心に行きました。その家は、もうおばあちゃんの代に日本国籍を取っていますから、子ど

ももお孫さんたちも、全く100％日本人として生きているわけです。そのときに、金の無心がうまくいかなかったんでしょう。叔父は、通りに面したその孫がやっている花屋の前で、「朝鮮人！朝鮮人！朝鮮人！」って叫びました。「こいつは朝鮮人ですよ！こいつは朝鮮人ですよ！」って。この意味がわからないと、この社会で起きていることはわからない。

　今日は時間がないのでこれ以上は説明できません。ただし、過剰適応というのは、これもレイシズムです。ただ単に人を罵倒するだけではなく、日本人にならなければ生きていけないという、これはまごうことなきレイシズムです。そしてそれは、この社会の隅々まで行きわたっています。この社会の傾向を見ていくと、今日見たあのデモがなくなるという要素は全くありません。さらに拡がっていきます。だから、今止められるかどうか。今しっかりとこの社会を作っていけるかどうかが、今後100年の日本を決めると、私は思っています。それで私は「のりこえネット」というものを立ち上げました。もしよかったら一度「のりこえネット」を検索してみてください。そして遊びに来てください。ではこれで終了させていただきます。ありがとうございました。居場所を作っていこうね。みんなで。

（拍手）

司会：ありがとうございました。まだ時間がありますので、皆さんから少し質問や、この点についてもう少し話してくださいとか、そういうことがありましたら、是非話していただきたいと思います。

フロア：法学部1回生です。お話の途中でバイト・テロのお話がありました。あれは、憎しみが根底にあるというようなお話だったと思います。それについては、ちょっと邪推というかある意味かいかぶっているかなという……ただ単に、大人になっても頭の中が子どもみたいな人がいるし、そういう人が後先を考えずにああいうことをやっているのかなと、僕は考えたわけですが、それについてはどう思われますか。

辛　：本人たちも、根底に憎しみがあるとは自覚してないね。「後先考えず

にやる」ということを継続している。そして承認されるまでやる。子どもっぽい。それをやられて店が潰れた人たちのその人生に対して、「子どもっぽい」で済むことではないよね。自分では責任を取れないことをやっていく。でも、あなたの言っている意味はわかる。あの中で、インターネットの中ではみんな子どもっぽいです。子どもっぽいことをみんなでやっています。みんながやっているうちに、だんだん普通になりました。あの中で、匿名でしゃべっていることが普通になった。これはやってもいいんだと思って社会に出てきます。そして「朝鮮人を殺せ」と言って、最後に「ああ、面白かった」って、子どもっぽい遊びだね。でもその根底にあるのは何なのか。

　こういうふうに考えてもらえませんか。あなたの性的指向はと聞かれたときに、本当に私は女なのか、私は本当に男が好きなのか、とか考えたことないでしょう。身体が女で生まれたから、自分は女だと思い込んでいる。本当はね、自分が何が好きで、どのような生き方をしたくて、どういうものが嫌いでって、わかっているのかな。私は、ある程度社会が決めた枠の中でしか自分の選択をしていないような感じがする。たとえば、「貧乏子沢山」と聞いたら何を想像する？　ちょっとあなたに聞いてみよう。でも、あなたがそういうふうに、こういう中で手を挙げてくれるというのは、日本の学校ではとても少ないから、うれしかった。「貧乏子沢山」といったら何を連想するか、三つぐらい挙げてみて。

フロア：生活とかは貧しいけれど、心が豊か。

辛　：貧しいけれど心は豊か。それから？

フロア：昭和の半ば、戦後しばらく経ったあたりで、そういう感じかな。ある程度復興してから、ベビーブームとか…だいたいそのへんの…。

辛　：はい、ありがとう。私たちはいろいろなテレビを見ますね。そして子どもがたくさんいる家はにぎやかで楽しそうで、貧しくても楽しい生活というようなイメージを、多くの人がもちます。だけど、もう一歩、外を見てく

ださい。「貧乏子沢山」と聞いた瞬間に、私は性暴力が思い浮かびます。私の体験から申し上げると、貧乏で、子どもをたくさん産みたいと思っている女には、一度も会ったことがありません。そして今はっきり言えることは、「DV 子沢山」です。

　子どもを産むというのは大変なことです。出産した後、骨盤ベルトをちゃんと3カ月ぐらいしておかないと、身体が歪みます。身体が歪むと、一生身体が大変です。あちこち痛かったり、病気になったりします。けれど、子どもを産んで、パートナーがちゃんと育児をやってくれるという人なんか、ほとんどいませんよ。1人産んで、お乳を毎日毎日寝ないであげるわけです。そこでまた妊娠。また妊娠。また妊娠。ありえないよね。リアルに自分の周りと自分の生活を見た瞬間に、この言葉には嘘がある。でも、そういうことに気付くことがなかなかできません。私たちはそういう情報に触れる機会がとても少ないからです。

　少し経済力があって、子どもが3人いたらいいなとか、4人いたらいいなという人は確かにいます。だけど、貧乏で子どもがたくさん欲しいと言った女には会ったこともないし、貧乏で幸せな家庭も見たことがない。それがどんなに女の身体に負担があって、女の人生に負担があって、痛みを伴うものなのか。

　セックスをやりたくないときにノーと言えたかなとか、自分の意志で性行為ができたかなとか、よく考えてみよう。私たちはそういう教育をまだ受けていない。そしていつも作られた枠の中で選択肢を選ばされる。私は今のところ自分が女性だと思っていて、ヘテロの男が好きで、身体も一応女。だけども、本当にそうかどうかというのはまだわからないと思っています。そう自分が思い込んでいるのかもしれない。そして、セクシュアル・マイノリティとして声をあげた人たちは、ヘイトクライムの対象になります。何人もの人が殺されています。8割以上の人たちが、なんらかの形で自死を試みます。そういう社会は、マジョリティのあなたをも苦しめる社会だと思います。だから、軽く考えていることの裏に何があるのかということを考える、そんな学生生活を送ってもらえたらなと思います。ありがとうね。

司会：まだ時間がありますので、別に質問をしたからといって、ヘイトスピーチの対象にはならないと思いますから、どうでしょうか。普段は東京にいらっしゃるので、関西にこられることは少ないので、この機会にぜひこのことを聞いてみたい、いや、私はこう思う、そう思わないという、先生に対する反論でも、批判でも結構ですので、どうぞ。

辛　：あ、なんかいっぱい挙がった。嬉しいな。

フロア：商学部4回生です。「東アジアの和解」とうたわれているので、お話を聞いていたら、あまりヘイト感がすごかったので。僕は一番の親友が韓国人のヨン君です。僕はそういう国籍を超えて友達が作れて、すごくうれしかったので、辛さんに、すごく大好きな日本人だとか、ものすごく尊敬できる日本人の話、日本のいいところとかも聞いてみたいなと、すごく思いました。話を聞いていて。

辛　：その質問自体が、もう私を韓国人の枠の中に入れていますね。そうですよね。

フロア：そうですね。今、韓国人と日本人というのは、これは、僕は別に差別しているわけではなくて…。

辛　：あのね、どこからどこまでが韓国人？　どこまでが日本人？

フロア：僕は、だから「在日」がどうのこうのという話ではなくて…。

辛　：じゃあ、ちょっとごめんね。「日本人のいいところ」と言うとき、あなたの言う「日本人」というのはどこからどこまで？

フロア：どこからどこまで…。すみません、それを認識せずに質問したのですが…。

辛　：そうだよね。そこにアイヌは入っていますか？　ウチナンチューは入っていますか？　お父さんとお母さんが日本国籍を取得した人は入っていますか？

フロア：先生、僕はそこまで発想がおよばずに、ただ何が好きか嫌いかとか…。聞いていて、政治家に対することもすごく…きつく聞こえてしまったので、やはり僕は20歳を超えて選挙の権利をもって、選挙に行くのですが、要は僕が選んだ人でもあるんですね。悪く言われてしまうと、僕自身も申し訳ない気持ちにもなるし…。

辛　：今ね、話をしながら、あなたは日本国家を背負っているね。私は背負ってないよ。私は国家なんて、くそくらえだと思っています。それから、今あなたは選挙権があることを前提に話をしました。私には選挙権はありません。私には選挙権はない。そして私は国家を背負いたいとも思わない。国家というのはすぐ暴走します。だからどの国の国家も監視しなければいけないと私は思います。そのときに、今の質問の裏には、「日本が好きですか」という質問が隠れている気がするわけです。日本にいいところはないんですか？　あなたは日本の悪口ばかり言って、と。私はここで生きてきて、ここの問題を、ここにいる人たちと一緒に解決したいと思っている。だけど、見る人からすれば、韓国人が日本の学校に来て、偉そうなことを言っている、というフレームになっていくわけですね。そこがたぶんどこかであなたたちが国家を背負ってしまう瞬間なのだろうと思います。

　私は、韓国に行ったら韓国の悪口を言う。北朝鮮に行ったら北朝鮮の悪口を言う。そこの問題点はそこでやらなければいけない。他で言っちゃあいけないんだよ。それは義理と人情と任侠道にもとる。私は江戸っ子ですから。だから喧嘩をするんだったら、当事者と目の前でやる。

　日本のいいところはと聞いて、いいところを言われたらほっとするかもしれないね。でもそのときに、私は日本ってどこからどこまでか、日本人ってどこからどこまでを言うのかと思うの。お父さんとお母さんの、片方の国籍だけ日本だった。その人は日本人に入れますか？　オバマさんは、お母さん

はヨーロッパ系ですね。そしてお父さんはアフリカ系です。彼は黒人ですか？　彼を白人とはなぜ言わないのですか。これは血の文化です。つまり、朝鮮人のお父さんと日本人のお母さんがいたら、子どもは「朝鮮人」といって叩かれます。おばあちゃんが「部落民」だったら、孫も「部落民」といって叩かれます。そういうのを無意識のうちに頭の中に入れてしまう。

　私は、多くの差別と闘っている人たちに育てられました。国境も民族も関係ないです。今泣いている人がいたら、そのそばに行く。そしてどんなに相手が強かろうが、国家であろうが、あるいはどんなに親しい人であろうが、弱者を叩いたときは許さん、と。これは民族心でも愛国心でもありません。ただの義理と人情、浪花節です。そんなものなんです、人間の生き方なんて。

　質問をされたときに、何かすごくね、あなたの中に一生懸命さを感じた。でも私は、どうしてこんなに簡単に国家を背負ってしまうんだろう、と思った。「自分が言われたような気がした」「自分が1票を投じた」…投じた理由は何なのかな、と私は思う。その人に会い、その人の政策を見て投じたのか。その人の言う政策は本当に実行されていたのか。

　あなたはこれから社会に出て、ひょっとしたらたくさんの税金を納める側になるかもしれません。そしたら、税金がどのように使われているのかを徹底的にチェックするのが大人です。みなさんはエリートです。世界中で高校に行けるのは100人中2人です。大学に行けるのは100人中1人。あなたの足の下には99人の人がいます。ここにいる人たちは、世界をベースにしたら、トップクラスのエリートです。そして、エリートはどんなことがあっても、そこにこれなかった99人のために何ができるのかを考える、それがエリートです。でもこの国のエリートは、99人をより搾取し、そして自分たちだけうまく生き残ろうとしている。そこに社会の崩壊があります。

　どんなことがあっても国家を背負わない。それは私の生き方です。愛国心はみじんもありません。民族心もありません。私は、好きな人もいれば嫌いな人もいる。その人が、国籍が日本であったり、韓国であったり、アメリカであったり、そんなことは関係ないですよ。あなたの中で、「朝鮮人が何かを語っている」、「在日が何かを語っている」ではなく、一緒に越えていく仲

間として生きていけたらいいなと思います。マジョリティで生まれたあなたに、マイノリティの私のスタンスはちょっと厳しすぎるかもしれないね。ごめんね。でも、ありがとう。そういうふうにぶつけてもらえたら、みんなに私の気持ちを伝えられますから。どうもありがとう。

司会：さっきもう一人手を挙げていた方がいらっしゃったと。ずいぶん、急に手が挙がり始めましたが、あと数分しかないので、では、前の方。短くお願いします。

フロア：社会学部1回生です。ちょっと今泣きそうなんですけれど、あまりにも知らないことを知りすぎて。知りたくなかったのではないのですが、やはりいろいろなことが、日本人がこんなことをしているということがわかって、知ったのはいいのですが、で、みんなで一緒にやっていこうとか聞くのですが、その「何かやっていく」という「何」というのは何なのか、自分では全く想像がつかなくて。たとえば、ヘイトスピーチを批判するデモを行ったとして、そこでは、そこ同士で争っている感じがして。うまく言えないんですが。

辛　：ありがとう。どうぞ座ってください。私は、「1人でもやる。1人でもやめる」というのが信条です。そして一番大事なことは、より理解できる人と早く情報を共有することです。あのね、「良い朝鮮人も悪い朝鮮人も殺せ」と言っている人たちは、実は良い朝鮮人も悪い朝鮮人も知りません。多分日本人の友達もいないでしょう。居場所もないし孤独な状況だと思います。誰か1人でも「それは違うよ」と言ってくれる人がいたら、人間は生きていける。たった1人でいいです。それで、自分ができることを考える。たとえば勉強するということもそうだよね。そして、勉強するための一つの方法は、とりあえず外へ出ていろいろな人と出会ってみる。そこからあなたの力がものすごく蓄えられていきます。

　いろいろな人たちと出会う。そこからあなたの力が蓄えられていって、そのときに、たとえば自分はブログで書こうとか、自分はこう思うんだという

ことを友達にだけは言おうとか、もしくはヘイトデモに出会ったとき、見過ごすのではなく、いけないよと、別に強い言葉じゃなくていい、「それはだめなんだ」だけでもいい、もしくは「話そうよ」といって話してあげるだけでもいい。

　私はヘイトスピーチをする人たち一人ひとりに対して、「あなた、なんでそんなことするの？」と言ってお話ししたいと思っています。全員と話をすることができなくても、そういうかたちで闘うことはたくさんできます。だからまずは多くの人に出会ってください。それがとても大きな力だと思います。

司会：ありがとうございました。この後お昼休みですが、一応終わりにしたいと思います。今日はお忙しい中来ていただいた辛淑玉さんに、感謝の大きな拍手をしたいと思います。ありがとうございました。

辛　：どうもありがとうございました。

司会：それではこれで終わります。ありがとうございました。

　　本文中には過激な表現が含まれているが、ヘイトスピーチやレイシズムを乗り越え、多様性のある社会を実現したいという著者の講演主旨を明確に伝えるために、そのまま掲載しています。（編集部）

第 2 部

キリスト教と市民社会の役割

第 3 章

東アジアの和解と平和
―― 日韓キリスト教史の視点から ――

徐　　正敏
(明治学院大学教授、同大学キリスト教研究所所長)

徐　：こんにちは。徐正敏と申します。20年以上前に、同志社大学で勉強しておりました。現在は東京で暮らしておりますが、私の中では、日本というのは「関西」です。関西というのは私の第二の故郷みたいな感じです。今は東京の人間になってしまったのですが、関西に何か用事があると嬉しい気持ちになります。しかしなぜか関西学院大学には4回ほどしか来たことがありませんでした。昨年から明治学院大学で教えておりますが、日本語は20年以上前に留学をしているときに少し勉強しただけですから、あまり言葉に自信がありません。ですから、おかしい発音があれば直してください。お願いします。（笑）

　本日、与えられたテーマは本当に大きすぎるのではないか、私がこういう内容を話すことができるだろうかという感じになりますが、私の専門といいますか、今までずっと研究をしているテーマがプロテスタントを中心とした日本のキリスト教の歴史と、韓国のキリスト教の歴史です。この研究の一つのポイントは両国のキリスト教がどういう関係を作っていったかということです。ですから、その内容を中心に私の今までの考えをお話しして、その後皆さんからの質問や意見等で、ダイヤログ（対話）する自館をできるだけ多くとれるようにしたいと考えております。

1. 日韓関係とキリスト教

　これまで、日韓のキリスト教関係について話すときは、私が韓国出身で韓国をベースに研究してまいりましたので、韓国のキリスト教、韓国のクリスチャンのアイデンティティから話をいたしました。しかし、今年から私が、日本の学生さんに話をするときは、日韓のキリスト教関係というテーマについて、日本のクリスチャンの立場から話すことを試みています。日本のクリスチャンのアイデンティティから日韓関係を見ることが大切なのではないかと思いました。たとえば私が日本のクリスチャンの立場から話すことで、もう少し客観的になるのではないかと考えています。
　最初に日本の初期のプロテスタント教会、クリスチャン・グループのアイデンティティから、日韓関係を考えてみたいと思います。本日、私が皆さんと共有したいのは、日韓キリスト教関係史が、葛藤から和解の方向へ動いてきたことです。日本と韓国の歴史がそうであると同じように、日本のキリスト教と韓国のキリスト教のアイデンティティの間には葛藤の歴史が長く存在していました。もちろん、現在の時点からいえば、他の分野における日韓関係、たとえば政治、経済、文化においては、大衆文化などを含めて「韓流」と呼ばれたように、少し仲良くなったような雰囲気もあります。しかし日韓関係というのは、まだまだ葛藤の歴史が続いています。日韓関係の中で一番積極的に和解の歴史を作ったのは、やはり両国の一部のクリスチャンでした。日韓全部のクリスチャンではないのですが、リベラルなエキュメニカル運動における日韓のキリスト者の間に和解と連帯の働きが進みました。日韓関係の一番未来的なモデルと希望を見出すことができます。結論からいえば、日韓のキリスト教関係の歴史は長い葛藤の歴史がありました。しかし、日韓のキリスト者の働きによって、葛藤から和解が可能になったということです。結論を先に話してしまいましたが、軍事独裁政権の時代に、韓国のキリスト者が、民主化運動という、いわゆる軍事独裁政権と闘っているときに、一番の協力者として、彼らを理解し、隣で心から助けてくれた仲間が、

日本のクリスチャン、キリスト者のグループでした。私は歴史家としてみても、日韓関係の和解の歴史が本当に出発したのは、両国のキリスト教のグループの中で、エキュメニカル運動に参加したキリスト者によってであったと思います。日韓のエキュメニカル・パートナーができました。後で詳しく説明いたしますが、その中で我々が忘れてはならない人物が何人かいらっしゃいます。私の個人的な話になりますが、私が今、日本のことを研究するようになり、日本で活動することになったルーツを考えますと、韓国の民主化運動に協力をした日本人の先輩の何人かのおかげというか、彼らの影響が私個人にたくさんあったことを感じています。たとえば澤正彦とか蔵田雅彦という人物について後ほど説明したいと思っております。

　最初に、日韓キリスト教関係史が他の分野と同じように、葛藤の歴史であったというところから、説明していきたいと思います。私が勉強した限りでは、日本で初期にプロテスタントのキリスト教を受け入れたグループは、明治維新以降、政治的には困難に直面していたグループでした。このグループは普通、横浜バンドとか熊本バンド、札幌バンドと呼ばれています。彼らはこの時期、日本社会の中で政治的立場として、中心的勢力ではありませんでした。ちょっと「負けた」グループ、「負け組」という感じでした。彼らの政治的立場は、大部分が幕府側でした。天皇のほうではなくて幕府側ですから、キリスト教を受け入れたリーダーたちは、全部ではありませんが、政治的な中心からは離れた人々でした。しかし、彼らはその時代に、近い将来日本は必ず、欧米の国々と同じような近代化を押し進めねばならないと判断したのです。つまり日本のリーダーたちは、日本が西欧の国々、欧米の国々と同じような近代文明を受け入れるような国になるはずだと判断していたのでした。彼らが最初に考えたのは、欧米の文明、たとえば西欧の文明の核心的なものの中身は、キリスト教だということでした。自分たちが早めにキリスト教を受け入れて、クリスチャンになることが、日本の近代化の目標により早く近づくと考えたのでした。私はそれがよい判断であったかどうかはわかりませんが、彼らがクリスチャンになった理由、背景の中には、やはり政治的な判断が含まれていたと思います。現在残っている資料を見ると、彼らがパイオニア的な意識、先頭意識をもっていたことがわかります。日本の未来

の方向性は西洋の近代文明を受け入れる道なのだ、という確信があったことがうかがえます。我々が先にキリスト教を受け入れるのが、日本の未来の先取りだという判断をしていたのです。もちろん、宗教的な動機もありましたけれども、プラスして政治的な判断もあったと思います。ちょっと客観的にみればわかることです。

　しかし、彼らのこのような判断が、本当は誤りだったということがすぐわかるようになります。それは、明治維新以後の近代日本の政策が、「脱亜入欧」、早めにアジアを脱して、欧米の国々と同じになるのが一番大きな目標であることと同じです。当時の日本の指導者たちの判断は「脱亜入欧」はするけれども、条件がありました。それは「和魂洋才」です。日本は、近代文明、欧米の文明を受け入れるけれども、それは外側の文明だけでした。中身のキリスト教は絶対にだめだったのです。中身となる魂は日本のものでやりますということが、当時の日本の指導者たちの判断でした。ですから、必然的に自分たちが日本国家の未来を先取りしたと考えていたクリスチャンのグループは、政治的な面では誤っていたことになってしまいます。日本の近代化のプロセスの中で政治的なグループからいえば、クリスチャンは、日本の未来にとって邪魔になる存在になってしまったのです。キリスト教を受け入れた人々は、日本の近代の未来に対して、中心的な役割を担うのではなく、邪魔になるグループになったわけです。初期の日本のクリスチャンは、日本の国家社会の中では少数者となり、日本の国家社会の中でマイノリティに位置づけられたのです。さらにもう少しいえば、日本のクリスチャンは「いじめ」の対象となるグループになったのです。これは日本の初期のキリスト教の歴史の流れの大きな特徴であるというのが、私の判断です。

　歴史全体とはいえないのですが、この特徴がもう少し具体的に表出したのが、1891年に起きた内村鑑三の「不敬事件」です。この事件を契機に、日本でキリスト教を受け入れた人々は、日本国家の未来、近代国家の未来に邪魔になる存在であるという世論ができあがりました。ちょっと厳しい言葉で表現すれば、「非国民」、クリスチャンは日本国民ではない、「非国民」だということです。このような雰囲気が日本の当時の社会的な雰囲気であったということです。少数者である日本のクリスチャンが、世論として日本の社会

で「非国民」になってしまうようなアイデンティティが形成されたのです。もちろん、内村鑑三の周辺のグループから、積極的にそうではないことを説得する人たちもいたのですが、あの当時の全体の流れはそうではありませんでした。たとえば井上哲次郎という有名な東大の哲学の先生は「不敬事件」を契機にして、内村をはじめ日本のクリスチャンが日本の国家社会で邪魔なグループであると批判し、攻撃をしています。

　私の判断では、韓国のキリスト教の歴史研究をベースにして考えると、宗教イデオロギー、宗教信仰というのは、その宗教が民衆階層に受け入れられている場合、自分の信仰のアイデンティティに対する国家社会からの破壊や、プレッシャーがあったとき、民衆化した宗教のエネルギーはそれにすぐ抵抗し、時には殉教までいくというエネルギーがあるのです。しかしエリートたち、知識人は弱いのです。少し単純化する危険性もありますが、私から見れば、初期、同じ時期の韓国のクリスチャンと日本のクリスチャンを比較しますと、韓国のプロテスタント・クリスチャンは本当に民衆階層が多いのです。当時の日本の初期のクリスチャンはやはり知識人、エリートたちが多いということです。もちろん、個人差はありますが、またグループによって違いますが、全体的に見ると、エリートたちは自分の置かれた状況を克服する方法として、命をかけて前向きに取り組むのではなく、状況を乗り越える方法を考えていくことであったようです。もちろん先ほども述べましたように、一つの方法は、真剣勝負で、殉教の覚悟をもっていく方法もあります。しかし歴史的にいえば、当時の日本のインテリ、エリートたちのクリスチャンは、そうではなくて、もうちょっと積極的に、自分たちが日本の「国民」であること、日本の国家目標に対して一致していること、他のグループよりも自分たちが日本的価値観を、先頭に立って体現していることを示すことによって、国家社会から受け入れられるような道を選びました。彼らは自分たちが「非国民」ではなく、真の日本の「国民」であることを表現しなければなりませんでした。近代日本はそのような社会、政治的な環境であったということです。

2. 朝鮮半島の植民地化と日本のクリスチャン

　1900年代に入って、日本の国家目標、社会の第一目標、課題の一つは朝鮮半島の問題でした。当時の日本の初期のクリスチャンは、日本の国家が重要視している朝鮮半島の問題に対して、自分たちがどのような対応をするかによって、日本の国家社会の中で自分たちのアイデンティティの特徴が表明されることを十分に判断していたと思います。その結果、当時あった様々な他の日本人グループよりも、より積極的に日本のクリスチャンは朝鮮半島の植民地化について協力するようになりました。当時の日本の政治家たちが朝鮮半島を植民地化するプロセスの中で、一番気にしたのは、どんな名分、レトリックをもって朝鮮半島を植民地化するかということでした。哲学、政治学、経済学、いろいろな分野の人々が、自分たちはどうして朝鮮半島を植民地にしなければならないかということを、様々なところで発表し、書いています。様々な論理が出てきます。もちろん日本のクリスチャンも様々なキリスト教系のジャーナルで、どうして日本が朝鮮半島を植民地にしなければならないかということについて、たくさん書いています。それらを、私は500以上の論説を読んだのですが、大部分の日本のクリスチャンは日本による朝鮮半島の植民地化を積極的に支持しました。様々な理由があります。たとえば、東洋平和のために日本は朝鮮半島を守らなければならない。また朝鮮半島は中国の植民地として歴史が進んできているので、中国から朝鮮半島を本当に独立させるために日本が助けなければならない。さらに、たとえば日本が朝鮮半島を守らないと、ロシアや欧米の国々が必ず朝鮮半島を植民地化するのだと、クリスチャンも書いています。一番厳しい内容が出てきます。以下のような内容です。日本が朝鮮半島を植民地にすることは、本当に当然なことです。それは我々の信仰によって、聖書を読んでわかったことは、神様の摂理で、朝鮮半島はもともと日本のものだったのです。「約束の地」です。日本人にとって約束の地カナンのようなものが朝鮮半島です。ですから日本が朝鮮半島を植民地にするのは、神様からの約束で、完璧な理由がありま

す。そういうことを書いています。様々な理由が政治的、国際外交的、経済的な視点から発表されていました。しかしこの一部の日本のクリスチャンが書いた朝鮮半島の植民地化の名分というのは完璧に宗教的、信仰的、神様の摂理として発表されました。日本の政治家たちはこれを読んでびっくりしました。これはクリスチャンしかつくることができない論理、これは宗教的観点、信仰的観点でなければ出てこない名分を、彼らが提示したということです。

　少しずつ日本の政治家の中からも、クリスチャンの書いたものに対して「いいじゃないか」というよい評価が出てきます。伊藤博文はクリスチャンのグループを招待して、一緒に協力できる委員会を組織することを提案します。もちろんこのとき、100％の日本のクリスチャンがそういうことではなかったのです。本当に少数ではありましたが、たとえば、柏木義円や、部分的には内村鑑三らが日本が朝鮮半島を植民地にすることに反対しました。今私が説明しているのは、90％以上の日本のクリスチャンは、朝鮮半島を日本が植民地にすることを当然と考えていました。そしてその理由は簡単に政治経済的な問題だけではなくて、信仰的に、植民地化を正当化する聖書的な解釈をしていたのです。日本のクリスチャンのグループの中で代表的なグループの一つは組合教会です。私は同志社大学出身ですが、組合教会は同志社と関係が深く、海老名弾正や渡瀬常吉は朝鮮伝道を実現します。彼らの論理は、朝鮮半島は日本の領土であることを前提にしています。つまり朝鮮半島におけるキリスト教の宣教は自分たちがやるしかない。アメリカやヨーロッパから来た宣教師たちが朝鮮半島で活動するより、日本のクリスチャンのグループが朝鮮半島で宣教するほうが正しいという、「朝鮮伝道論」をつくります。渡瀬を中心に朝鮮伝道の宣教師グループをつくり、朝鮮半島に直接出かけて行きます。彼らは宗教的な目的、宣教師としてのアイデンティティもありましたが、基本的に彼らの目的は、日本の政治、経済が朝鮮半島を植民地にすることによって、少しでもプラスになるようなスペースをつくることでした。そのために朝鮮伝道を実現します。面白いのは彼らが朝鮮半島において、朝鮮伝道を実践するための財政的な力が、当時の日本のキリスト教会にはありませんでした。宣教費を集めて、彼らを派遣するような力がなかっ

たのです。特に組合教会は、日本の国家社会の中で、自分たちが「非国民」ではないということを証明するために、「アメリカンボード」（アメリカの宣教団体）の宣教費支援を全部断ったのです。当時の日本の組合教会は貧乏でした。自分たちの力で宣教費を集めて、朝鮮宣教をするのは無理だったのです。このことは今記録に全部残っているのですが、朝鮮総督府がその宣教費を負担しています。キリスト教国ではない、クリスチャンを「非国民」であるとし、キリスト教に反対した日本の政府が、朝鮮総督府としてキリスト教の宣教のためにたくさんのお金を出して、彼らを助けています。当時の金額で5千円ですから、現在の円の価値に計算するとかなり大きな金額になります。この支援金で、彼らは活動していたのです。それからさらに面白いのは、政府だけではなく、三井や三菱などの日本の企業も、朝鮮伝道のために一部お金を献金したという証言もあります。19世紀、20世紀の欧米の国々のアジア、アフリカ、ラテンアメリカの宣教を、「帝国主義宣教」と呼ぶことがありますが、日本の朝鮮伝道には同様な特徴がありました。「ありました」と言いましたが、私から見れば、世界のあの時期の歴史の中で一番「帝国主義宣教」という特徴が出てくるのは、日本の組合教会の朝鮮伝道です。国家からお金が供出され、全くクリスチャンのグループと関係がない企業からお金が出ていました。これらの財政的基盤をベースにして日本からの宣教師たちが朝鮮伝道をしたのです。10年間の短い活動でしたが、200以上の組合教会を朝鮮半島につくりました。10年で200以上の教会をつくるのはかなりのお金が必要です。外部より支援があったということです。日本のクリスチャンのグループが朝鮮半島の問題について積極的に参加することによって、それまで日本の社会から「非国民」であるといわれたクリスチャンのグループが日本の国家目標に積極的に協力するグループになることができたわけです。そのターニング・ポイントになったのが、日韓併合に対する日本のクリスチャン・グループの反応と朝鮮伝道であったというのが、私の判断です。これは、本当に効果があったのです。

　1910年から朝鮮伝道が始まります。1912年、2年後に文部省が日本の主要な宗教を三つ選び、彼らを招き、文部省で大きな会議を開きます。仏教、教派神道（国家神道ではありません）、そしてキリスト教の代表者たちを招

集し、「三教会同」の会議が開かれます。有名な集りです。「三教会同」とは、三つの宗教の代表者たちに、日本の国家目標に対して協力を依頼し、協力することを条件に招かれた三つの宗教が日本の主要な宗教であることを認めることでした。その後、日本のクリスチャンのグループによって、このことがたくさん書かれています。そこには、日本の国家社会がクリスチャンのグループを受け入れて、キリスト教が三つの主要宗教の一つになったことが書かれています。そしてキリスト教が国家の認定するグループになったと記されています。それは神様の恵み、それから天皇陛下の恵み。そういうことを告白した文書がたくさんあります。朝鮮半島の植民地化のプロセスに積極的に協力した日本のクリスチャンの働きと方法は効果があって、日本の主要な宗教として認知されたのです。

　その後も朝鮮半島の問題が続きます。1919年に三・一独立運動が起こります。当時少数の韓国のクリスチャンのグループが、この三・一独立運動の中心的な役割を果たしたということです。三・一独立運動のとき、朝鮮半島の全国民の約2.5%がクリスチャンでした。三・一独立運動のために刑務所に投獄された人々が答えた自らの宗教の、40％以上はクリスチャンでした。その後に、朝鮮総督府が様々なところでクリスチャンを虐殺する事件が起きます。「堤岩里教会事件」など、韓国のクリスチャンを日本の憲兵たちが殺す歴史が続きます。それから三・一独立運動が起こったとき、朝鮮伝道をした日本のクリスチャン・リーダー、特に渡瀬常吉は長文の論説を書いています。もちろん彼は、日本の政府の朝鮮総督府の立場からそれを書いています。またちょっと気になる文章もあります。韓国の三・一独立運動の中心になったクリスチャンのグループに対して、神学的な批判をした文章です。当時の韓国のクリスチャンは旧約聖書だけを読むクリスチャンだ、としています。民族主義を乗り越えることができなかったグループが、韓国のクリスチャンだ。韓国のクリスチャンはイエス・キリストの愛がない。旧約聖書的な民族意識だけをもっている、旧約聖書的なクリスチャンだ。彼らの神学的な批判の論理をみると、旧約聖書的な考え方は信仰のレベルが低く、イエス・キリスト以降の新約聖書的な考え方、敵まで愛するという信仰が高いレベルということになります。日本のクリスチャンのグループは新約聖書的なレベ

ル、三・一独立運動をやった韓国のクリスチャンのグループは旧約聖書的な民族主義のキリスト教であると厳しく批判したのです。

　次は、神社参拝の問題です。日本のキリスト教の歴史を見ると、日本のクリスチャンのグループが神社参拝をどうするかについて、歴史的な歩みがあります。初期の段階では、本当に国家神道は宗教ではないのか、宗教性があるのではないか、という心配がありました。しかし彼らは、日本の国家がこれは宗教ではない、国民儀礼だ、超宗教だ、という説明を受け入れるのです。私は明治学院大学にいますが、明治学院の1995年の戦責告白の中で、明治学院出身で日本基督教団の議長を務めた富田満の名前が具体的に出てきます。彼が朝鮮半島に行って、韓国のクリスチャンに神社参拝をしなさい、してもよいと説得したのは、明治学院の罪だと明確に書いています。日本のクリスチャンは韓国のクリスチャンに、神社参拝を強要したのです。また同様に、神社参拝に反対して、学校での教育を放棄して本国に帰るアメリカ人宣教師たちを厳しく批判しています。彼らは日本の国家がもっている論理、国家の名分を無視する人々だと厳しく批判しています。神社参拝は宗教的行為ではないとする「神社非宗教論」を主張し、韓国のクリスチャンに対して、神社参拝を信仰の問題ではないと、説得しています。当時弱い立場にあった韓国のクリスチャンは、その90％ぐらいの人々が神社参拝を行いました。しかし、残りの10％の中には、有名な朱基徹（チュ・ギチョル）のような殉教者が出てきます。彼らは最後の最後まで自分の信仰の問題として参拝を拒否しました。自分の命をかけて闘争しました。

3. 日本のクリスチャンとマイノリティ問題

　以上説明しましたように、日本のクリスチャンのグループは戦前まで日本の国家目標の達成のプロセスに一緒に協力しました。韓国の問題について、韓国のキリスト者とは正反対の立場に立っていました。当時のこのような状況に対して、韓国人が書いた文章が発見されています。その中には、たとえば日本のクリスチャンの中にも同じイエスの愛を感じて、イエスの信仰をも

っている兄弟姉妹が、韓国人の苦しみ、当時の民族的な十字架を理解してくれるだろうという期待が表明されています。実際、これは本当に一部ですが、当時も、内村鑑三の弟子のグループである日本の無教会主義者の一部の人たちが、金教臣や咸錫憲と協力関係にあったことが知られています。それらの人々は、国が違い、民族が違うにもかかわらず、イエスの真理の中に共にいることを共有していました。韓国人の経験している苦しみを全部理解するという、手紙のやりとりがなされていました。このような手紙の資料も最近発見されています。日韓の少数の人々の中にはこのような交流もありました。しかし全体的にいえば、当時の韓国のクリスチャンから見ると、日本のクリスチャンは敵であったのです。このような葛藤の歴史を日韓のクリスチャンも歩んできたのです。

　戦争が終わって、戦後になりました。私が注目したのは、天皇制イデオロギーの問題などがありましたが、私は歴史家として、本当に厳しい時期が終わったあとに、日本のクリスチャンのグループがどのように変化をしていくかということを資料的にみたのです。最初に、1946年6月9日に日本キリスト教団の声明書が発表されました。これは新日本建設のための声明書です。ちょっと面白いのは、それ以前に出された文章は、戦争の福音だったのです。聖戦だったのです。日本軍隊がアジア、太平洋で戦争をするのは神様の、聖なる戦争だと書いてあるのです。1年で、戦争の福音から平和の福音にすぐ変わってしまいます。意味はあるのですが、あまり論理がないのです。私が日韓キリスト教関係の歴史の中で一番高く評価するのは、やはり1967年3月26日に日本基督教団総会議長の鈴木正久の名前で発表された「第二次大戦下における日本基督教団の責任についての告白」です。この声明文については、教団内部で論争があり、教団全体の名前で発表できず、教団議長個人の名前で発表したものでした。そのために、声明文に意味があまりないと厳しく批判する歴史家もいますが、私は反対です。内部の論争があり、葛藤があって、いろいろな闘いがあるのが歴史です。もっと意味があるのです。たとえば、あのとき日本基督教団全体の人々が賛成し、これを発表しましょうということになっていたら、それは嘘に近いです。反対する人もいるし、悩みがある人もいるし、心が痛い人もいるからこそ、この声明書は

歴史的なのです。反対に私は高い評価をしています。

　1967年の声明書以降、日本のクリスチャンのグループの韓国における問題への対応や考え方が革命的に変化します。前にも申し上げましたが、クリスチャンのグループも口だけで、論理だけで、何か歴史をつくるのではないのです。この1967年の戦責告白、声明書も、声明書だけだったら、もちろん文書はすばらしいですけれども、私はあまり歴史的に意味は大きくないと思います。日本のクリスチャンのグループは1967年以前、自分たちは少数者、マイノリティですが、メジャーを目指して、力のある人々と一緒になるための努力をしてきたのです。国家、社会、社会の中のメイン・ストリームに近づくための、様々な努力をしたのです。しかし1967年に、この声明を発表して以降、日本のキリスト教のグループは、日本社会のメジャーではなく、マイノリティを目指して歩むことが具体的に出てきました。その第一歩が、当時日本の中で一番のマイノリティとして苦しみをもっていた在日韓国人・朝鮮人のための宣教プログラムでした。それから沖縄問題に対する積極的な関与、また、アイヌの問題に対する具体的な努力がなされました。もちろん全部成功したわけではありません。宣教プログラムとして、日本のキリスト教のグループが少数者への関心を具体化したのです。もちろん、部落の問題もその一つです。日本の社会で、今はちょっと違いますが、あの時期の四つぐらいの代表的なマイノリティ問題（在日韓国人・朝鮮人、沖縄、アイヌ、部落）に対するキリスト教会、クリスチャンとしての反応がありました。これらの課題を積極的な宣教プログラムとして具体化したのは、私の眼には1967年の戦責告白から出発したということになります。

　それ以前の日本のキリスト教は残念なことに、国家社会と同じように行動すれば、自分たちが日本の国家社会の中で自由の範囲が少しずつ広くなると考えたのです。少しずつは効果がありました。たとえば1912年の「三教会同」です。私はこれを、日本キリスト教会の歴史のコンプレックスと呼んでいます。教会が積極的に国家社会に奉仕して協力すると、もう少しもう少しと国家社会が教会に、これもやって、あれもやってと要請してくるようになるのです。薬も初期は少しだけで効果があります。2回目はもう少し服用量が増えるのです。これがファシズムの時代の日本のキリスト教の歴史だった

と思います。最終的には、1940年代に入ると、日本の教会は独立した組織ではなく、国家の一部の機関の組織になり、「宗教報国」が宣教の中心になりました。飛行機をつくるために献金をしなければならない、教会の鐘(ベル)や教会の金属を全部武器をつくるために差し出す、そのような状態になりました。

　確かに、1967年以後の日本のキリスト教、今日の日本のキリスト教に対しては批判点もありますし、足りない部分もあります。しかし、歴史からみれば、1967年以後の日本のキリスト教はそれをカバーし、包み込んで、独立的な道を歩んできたというのが、私の判断です。調べてみますと、1945年以降、日本のキリスト教、様々な教団、教派、それから日本のプロテスタント教会とキリスト教主義団体で構成されている日本キリスト教協議会（NCC）が発表した声明書などが多々あります。39件ぐらいの文書を整理してみたのですが、過去の声明に比べると内容が大きく変化しています。特に1995年の声明です。戦後50周年のときです。多くの日本のクリスチャンのグループが声明書を発表しています。その内容は、植民地化の時代に日本のキリスト教が、国家と一緒になって朝鮮半島の植民地化に積極的に協力したことへの反省が書かれています。また2010年には、内容の深いすばらしい声明書が日本のNCCと韓国のNCCが共同で発表しています。この声明書には、植民地の歴史全体が無効であったこと、また、日韓併合条約が無効であったことなどが書かれています。

　簡単に整理しますと、戦後の日韓のキリスト教の歴史において、特に1967年以降の日韓キリスト教会の協力関係は、足りない部分もありますし、残念なところもあるのですが、その中身は、日韓関係全体を変化させるようなモデルケースであったというのが私の判断です。もちろん韓国側にもいろいろな悩みがありました。それは、日本のクリスチャンのグループをどのように受け入れることができるかということです。

4. 葛藤の歴史から和解の歴史へ

　日本から韓国に留学した日本人の例をご紹介したいと思います。それは

1965年のことでした。日本から1人のクリスチャンが韓国に来ます。彼は澤正彦という人物です。東京大学、法学部出身のエリートでした。彼は戦後最初の、日本から韓国への留学生でした。私の母校である延世大学の連合神学大学院に入学しました。彼が研究を始めたのは、朴正煕による軍事クーデターによって軍事独裁政権が成立した後のことでした。彼にとって韓国での生活は厳しいものでした。日本人はほとんどおりませんし、日本人の留学生も1人もいません。周辺の人々は皆、なぜ日本人が韓国に来て勉強するのかという雰囲気だったのです。延世大学の連合神学大学院で勉強するのですが、当時彼に韓国へ行くことをすすめた在日の牧師先生たちが何人かいました。李仁夏先生はその1人で、彼を背後からサポートしました。日韓関係は簡単な関係ではありませんでした。しかし、葛藤だけが続くのでは問題です。葛藤や対立を和解の方向に転換していく重要な鍵をもっているのはクリスチャンのグループだったのです。面白いのは、私の直接の先輩であった延世大学神学部の女性の学生であった金纓さんと澤正彦さんが延世で恋愛をし、結婚したのです。戦後初めての日韓国際結婚です。国と国との間の壁を乗り越えるためには、個人と個人の関係が一番大切です。澤正彦は韓国で様々な活動を行い、最後には韓国の政府から、退去命令が出されます。そのような苦しみがあったのです。彼は韓国を出てアメリカで勉強し、日本に帰国して、牧師として活動を続けました。最後に80年代にもう一度韓国にいらっしゃったときに、私は初めてお会いしました。私はそのとき若い大学院生でした。

彼に続いて蔵田雅彦というやはり東京大学出身のエリートが、1980年代に同じように延世の大学院に留学したのです。彼も日本にいるときから日韓関係を考えて、アジアの民主化運動を人権運動を中心に実践していた人でした。彼も延世大学の大学院で神学を研究しました。当時、私は彼と出会いました。その頃の私は、「日本は絶対に許せない」と考えていました。私は蔵田雅彦先輩と毎週、毎週会いました。当時の私は、日本語が一言もできませんでした。外国語は英語だけでした。蔵田先生は、ハングルがペラペラでしたので、ハングルで話をしました。彼が私に言ったのは、日本、韓国という国家とは関係なしに、あなたが自分を許してくださいということでした。あ

なた1人が自分1人を許してくださいと。実は、国と国はないんだ。1人対1人の関係がもっと重要だ。2年半以上もこのような関係が続き、韓国で兄弟のような関係になってしまいました。彼は卒業して、大阪の堺にある桃山学院大学教授になりました。彼から私宛に手紙が届きました。その手紙には、「私たちは、ずっとハングルで日韓関係を話しました。これからは日本語で話をするのがよいのではないか。是非日本に来てください。日本で勉強しなさい。」と書いてありました。そのハガキは神様の命令のようなものになってしまいました。OK、僕行きます。次の年に、私は同志社大学で勉強することになったのです。つまり、蔵田雅彦と徐正敏の間の日韓関係は解決したのです。彼との個人的な関係から出発することによって、1人の韓国人と1人の日本人の間にあった葛藤が乗り越えられ、和解の歴史を新しくつくることが可能になったのです。

　私は来日して、同志社大学の土肥昭夫先生のもとで勉強をしました。私が2年間勉強して、ちょっと休みで韓国に戻ったとき、土肥先生がソウルを訪問したのです。私の母校である延世大学のチャペルで8.15記念礼拝がありました。土肥先生は初めて日本の学者として説教をしました。私は通訳をしました。その時300名以上の延世の教授と学生、近隣の人々が出席しました。大学の教会ですが、普通の教会と同じです。土肥先生が説教壇に立たれて、私は隣にいました。先生の説教はコレスの話です。ペルシャのコレス王の話です。先生が話をした後、私が通訳をするのですが、説教が始まって5分以上たってから、土肥先生が泣いていました。涙を通訳する方法は涙しかありません。説教者と通訳者が、5分間説教壇で泣いていました。ちょっと見たら、全員が泣いていました。簡単にメッセージが終わりました。しかしその時、なんというか、「恵み」というか、それはものすごい、リバイバル・ムーブメント（信仰復興運動）のような感動がありました。冷静な学者である土肥昭夫先生の目から熱い熱い涙が心からこぼれました。通訳する徐正敏も涙しました。30秒ぐらい泣くと、出席者全員が泣き出しました。その現場は、日韓の和解の場となりました。

　私は韓国の延世大学で12年間専任教授として教えました。しかし、日韓関係のために何か実践をしたいと思い、昨年から明治学院大学にお世話にな

っています。日本の学生さんに日韓キリスト教関係、韓国のキリスト教の歴史、アジアのキリスト教の未来について講義しています。日本の学生さんたちに、韓国との関係を解決するためにも、1人の韓国人に出会ってください。そこから和解が出発することを伝えています。日韓関係は依然として様々な問題があります。私の希望は、葛藤の歴史から和解の歴史に転換していくことです。その道すじはすでにできていますし、そのパイオニアはやはりクリスチャンのグループがしなければならないと思います。

このくらいで皆さんに伝えるお話は終わりにして、皆さんのご意見をうかがいたいと思います。ありがとうございました。

質問：アメリカやカナダの教会から派遣された宣教師は、日本による韓国の植民地化をどのように見ていたのでしょうか。

徐　：宣教師たちの立場は、大体同じでした。韓国にいた宣教師も日本にいた宣教師も、日本が政治的に韓国を植民地にすることについて、あまり問題意識がなかったです。できれば、韓国を早く文明化するほうがよいと考えていました。ただ自分たちが韓国で宣教活動をするのに邪魔になるのは困るという立場でした。しかし、個人的には何人かの宣教師たちが、韓国の状況を見て、独立運動に協力したケースはありました。しかし全体的に、宣教師たちの反応は植民地化に協力するような雰囲気でした。しかし、神社参拝については全然違いました。メソジスト教会は、神社参拝を国家が「非宗教」だというのなら、参拝してもよいとしました。しかし、長老教会は保守的なグループも多くあり、宣教師の中には最後の最後まで神社参拝に反対する人たちがおりました。

質問：日本と韓国のクリスチャン人口の比較で、韓国にクリスチャンが非常に多いのは、日本の植民地支配からの独立運動に対して一緒に闘いをすすめたこと、またキリスト教が、そのことによって、民衆の側の宗教として認知されたことが挙げられます。日本は逆に国家のほうに、先ほどのお話のよう

に、すり寄っていきました。そのために民衆の間に定着しなかった。先生はどのようにお考えでしょうか。

徐　：基本的にはおっしゃる通りだと思いますが、ちょっと区別しておきたいのは、過去の歴史と現在の韓国のクリスチャン人口の関係です。現在の韓国のキリスト教人口は全人口の25％ですが、これはキリスト教の民族運動への関与と関係がありません。現在の25％には全然別の特徴があります。ご指摘のように、韓国のキリスト教は昔民族のために苦しみを共にし、民族の十字架を背負っていたグループだというイメージがあります。しかし、現在の韓国のクリスチャンが増えていることは、全然別の流れであるというのが、歴史家としての私の判断です。現在の韓国のクリスチャンは民族主義者ではありませんし、民族のためにクリスチャンになった人はあまりいないと思います。

質問：現在の日本の教会の中でも、「戦責告白」をどう受け止めたらよいのか、特に「戦責告白」に直接接することがなかった世代には過去の出来事にすぎなくなっています。韓国の教会の中では、戦時下の教会の態度をめぐって、何か分裂や葛藤があったのでしょうか。

徐　：ありました。たとえば戦後、1945年以降に、韓国の長老教会とメソジスト教会の最初の分裂は、日本時代に神社参拝を積極的に行った人々とそれに反対した人々が別れ、教会が分裂しました。たとえば長老教会の中で釜山に本部がある長老教高神派という派があるのですが、出発点は神社参拝に反対して刑務所に入った人々が中心になってつくった教派です。彼らは神社参拝をした人々は全員、とんでもない人々で、彼らは現在のあり方を改めねばならないという立場です。日本時代の神社参拝の有無が、後の韓国のキリスト教の分裂の歴史の出発点になったということです。

第4章

東アジアの和解
―― WCC（世界教会協議会）第10回総会（釜山・韓国）報告 ――

神田　健次
（関西学院大学神学部教授）

神田：みなさん、こんにちは。神学部の神田と申します。2013年10月30日から11月8日まで、韓国の釜山で開催された第10回の世界教会協議会（WCC）総会に、全部ではなかったのですが、前半のほうだけ出席させていただきました。今回の総会全体のテーマが、「いのちの神よ、わたしたちを正義と平和に導いて下さい」ということでしたので、正義と平和に関わるこの研究プロジェクトと深いつながりもあるかと思います。最初に、総会の印象や感想について述べ、その後、特に開会礼拝の内容、そして信仰職制委員会の取り組みの成果である教会論のテキストについて報告したいと思います。

1. 第10回 WCC 総会の印象

　今回の総会をめぐって、キリスト教ジャーナル関係に執筆の機会がありました資料を、レジュメに付けさせていただきました。一つは、「WCC 信仰職制の課題－特に教会論を中心に」という論考で、総会が始まる以前に、『福音と世界』（2013年7月号）に寄稿したものです。WCC の信仰職制委員を15年ほど務めさせていただいたこともあり、今回の総会で提示された教会論に関する合意文書を中心に論じたものです。もう一つは、「WCC 第10回総会の礼拝から：開会礼拝」という論考で、『礼拝と音楽』（2014年冬季

号) に掲載されたものです。

　韓国の有名なエキュメニカル雑誌『基督教思想』という雑誌がありますが、その WCC 総会特集号 (2013 年 12 月号) にも、「第 10 回 WCC 総会に出席して」という文章を寄稿する機会がありました。その中で、今回の総会では、多くの青年たちの参与と貢献、また約 200 名に及ぶ世界各国からの若い神学者の集中的な共同研修などは、新たに鼓舞されるような思いを与えられたことを書かせてもらいました。特に、今回の 2 週間にわたるグローバルなエキュメニカル神学機関 (GETI) は、これからのエキュメニカル運動を担う新たな指導層の養成プログラムとして、画期的な意義のある試みであったと思われます。村瀬先生も、その GETI の枠で参加されましたが、世界から次世代を担う 200 名近い若い方々、専門的な訓練を受けたような人たちが一堂に会して、非常に集中して、WCC 総幹事経験者だとか、これまでエキュメニカル運動において世界的にリーダーシップをとってきた方々が次から次にレクチャーしていくわけです。これは本当に豪華で、すごいプログラムで、やはり若い次世代の担い手をリーダーとして育てていこうという、積極的な意気込みをうかがうことができ、そこには何か少し希望がもてるなと思います。世界中から、これからエキュメニカル運動を担っていくような若い世代を、WCC 総会が始まる前から、GETI という新たなスタイルで集中して行われた中に、エキュメニカル・ウインターであることは変わりないのですが、スプリングに向けての兆しが少し見えたのではないかなというような思いを抱きました。

　今回の総会が、東アジアにおいて開催されたこととの関係で、東アジアの視点から見れば、何よりも開催国韓国の南北分断と統一問題が重要であり、WCC において、この問題は、1990 年にソウルで開催された「正義・平和・被造世界の統合」(JPIC) 世界会議において大きな焦点となりました。統一問題については、会期中も多様な局面で言及され、そして総会全体の「メッセージ」においても明確に表現されたことは、「正義と平和」の主題から見ても大切な要点といえます。さらに、総会で採択された「朝鮮半島の平和と再統一に関する声明」では、昨今の領土問題をめぐる東アジアの緊張関係にも言及され、長年の朝鮮半島の悲劇的な分断によって引き裂かれた民族の悲

劇的苦難に終止符を打つための正義と平和の取り組みが新たに呼びかけられたことは、大きな意義をもつものでした。特に、この統一問題については、1984年にWCCの主導でアメリカ、韓国、日本のNCCを中心とした東山荘（日本のYMCA施設）会議とそれ以降の重要なプロセスに言及しつつ、さらなる和解と平和に向けての具体的な取り組みについて呼びかけられています。

もう一つ東アジアの視点から述べるならば、2年前（2011年）の東日本で起こった大震災と津波、そして福島の原発事故の問題です。この問題は、会期中に「マダン」と呼ばれる出会いの広場、各展示会場においてニュージーランドの教会との連携で、日本の教会から、渡辺総一氏の被災状況をテーマとした絵画を中心として被災地からの展示も行われ、様々な反響が寄せられました。そして、特に原発問題については、総会全体での論議と反原発の方向を目指す努力がなされましたが、結果として中央委員会付託となっています。

2. 総会の開会礼拝

今回の総会における開会礼拝はじめ、会期中の礼拝は、本当に深い感銘を与えてくれるもので、エキュメニカル運動の良質な実りともいえますが、その深い霊性をたたえたエキュメニカルな礼拝には、世界の教会の教派的・文化的多様性のダイナミックな豊かさが反映しています。今回の総会では、『釜山礼拝書』（Resourses for Prayer and Praise. WCC 10th Busan, 2013）が準備されて会期中の礼拝で活用され、また開会礼拝では、独自の式文の冊子 Opening Prayer が準備されました。

このようなエキュメニカルな礼拝が、豊かな内容として展開された背景に、いわゆるリタージカル・ムーブメントという礼拝復興運動を指摘することができます。このリタージカル・ムーブメントが最初に開花するのは1960年初頭ですが、より大きな開花を見せるのは80年代以降です。とりわけ、テゼ共同体のM. テュリアンによって準備された「リマ式文」によるエ

キュメニカルな礼拝は、一つの重要な転機点を画するものとなり、1983年のヴァンクーバー総会は、「礼拝する総会」と呼ばれるほど、数々の豊かな礼拝がもたれています。その際、それまでの欧米中心の讃美歌ではなく、アジアやアフリカ、ラテン・アメリカなどの教会から生み出された讃美歌がふんだんに盛り込まれた『ヴァンクーバー礼拝書』が重要な役割を果たし、その後のエキュメニカルな礼拝のモデルともなり、今回の『釜山礼拝書』および開会礼拝の式文も、このような背景をもっています。

釜山総会における開会礼拝の全体的構成は、以下の通りです。

祈りへの招き　韓国の伝統的な打楽器によるゴングの合図で
Ⅰ．開　会
　　詩篇24編を朗唱の間に、賛美 Open to me the gates of righteousness
　　入場の行進・賛美（神の栄光）
Ⅱ．嘆　願
　　世界の各地域からの叫びと希望：アフリカ、アジア、カリブ諸島、ヨーロッパ、ラテン・アメリカ、中東、北アメリカ、太平洋諸島（各大陸・地域からの叫びと希望）、各地域の朗読の間に南アフリカの賛美 Senzenina（わたしたちは何をしたか？）
　　集祷
Ⅲ．神の言葉
　　賛美 Amen, Alleluia（アルメニア正教会）
　　聖書の持ち運び
　　福音書の朗唱（アラム語で）ルカによる福音書24章28-35節
　　説教
　　アルメニア教会総主教のガレギン2世の説教は、正義と平和との関係で中東における暴力と殉教に言及しつつ、1915-16年にかけ150万人が現在のトルコにあたるオスマン帝国によって虐殺された歴史を、鮮明に印象付けた。
　　賛美 Peace must be dared
　　信仰の告白　ニカイア・コンスタンティノポリス信条

韓国の合唱（主題のフレーズをアリランのメロディーで）
　　　とりなしの祈り　祈りの間に賛美 God of life, lead us to justice and peace
　　　主の祈り
Ⅳ．祝　　福
　　　派遣の言葉
　　　退場　賛美 Now go in peace

　以上の開会礼拝全体の構成の中から、大変ダイナミックに構成された各大陸・地域の「嘆願」から、ヨーロッパとアジアの叫びと希望を紹介したいと思います。

〈ヨーロッパからの叫びと希望〉
ヨーロッパ人として、多様性と多くの対立を抱える
様々の国々、共同体、教会から、わたしたちは集ってきています。
わたしたちは、ヨーロッパ独自の市民社会、文化、霊性を代表しています。
一方では、わたしたちは、人間の進歩の伝統を代表しています。
しかしながら、わたしたちは、戦争、植民地主義的搾取、人種差別、
大量虐殺といった死の遺産をも代表していることを自覚しています。
いのちの神よ、ヨーロッパがすべての人々にとってよりよき場とするために
闘う誠実さを与えてください。
富める者と貧しい者との溝、特に諸民族とエスニック・グループ
の関係における溝を埋める手立てを見出す助けを与えてください。
心を開いて、避難民や移住者、そして助けを必要とするすべての人々に、
心を開いて、ホームを提供することができますように。
そして、ホスピタリティーを培い、傷つきやすい人々を配慮し、
あなたに平和と正義の道に従う文化を形成しようとするわたしたちを
祝福してください。

〈アジアからの叫びと希望〉
共に寄り添ってくださる神、わたしたちは、

次のような人々の叫びの中に、あなたを見るのです。
レイプされ続け、また集団でレイプされて、
その人生が回復できないほど破壊された
少女たちや婦人たちの涙や呻きの中に。
神の名による情け容赦ない暴力によって、
あるいはわずかな権力や金ほしさの強欲のゆえに
その息子や夫、父親を失った母親、妻、
子どもたちの嘆きや悲しみの中に。
踏みにじられ、移住を強いられ、沈黙せざるをえない
ダリットの人々、先住民の人々、言語的・民族的な
少数者のコミュニティの眼差しの中に。
危険な産業で懸命に労働することを強いられている
何百万の子どもたち、その瞳の中の苦痛と絶望の中に。
遠い場所で、ぎりぎりの生活を強いられている人々や
残された家族の痛みや苦悩の中に。

3. エキュメニカルな教会論
―― 『教会－共通のヴィジョンを目指して』――

　最も重要な成果として刊行されたばかりの共同研究の成果が、『教会――共通のヴィジョンを目指して』（The Church : Towards a Common Vision, WCC-Geneva 2012）という教会論に関する成果です。歴史的なエキュメニカル合意文書『教会――共通のヴィジョンを目指して』成立のプロセスに、筆者は、1991年のキャンベラ総会以降15年間にわたり、信仰職制委員会の委員として、その論議に参与してきて、エキュメニカルな教会論に関する合意文書の成立は特別の感慨を覚えます。『教会――共通のヴィジョンを目指して』の構成は、序論、第1章　神の宣教と教会の一致、第2章　31の神の教会、第3章　教会：成長する交わり、第4章　世界の中のための教会、結論、という構成となっています。合意文書の基本的意図は、教会理解につい

て共通の神学的合意点について叙述するということであり、併せて教会論をめぐる相違点あるいは論争点については、イタリックで解説を加える形式をとっています。

　以上のような合意文書の第一の特色は、1927年のローザンヌでの第1回信仰職制世界会議以降、85年の共同研究の成果であるという点であり、特に、『リマ文書』（BEM）成立以降、30年に及ぶ共同研究の成果といえます。しかも、この文書は、ローマ・カトリック教会、正教会、聖公会、歴史的プロテスタント諸教派、福音派の一部を含む、広範な教派的広がりをもっているのです。第二の特色は、この合意文書が1982年に成立した『リマ文書』および『一つのバプテスマ』、あるいは1990年の『教会と世界』、そして1991年の『一つの信仰を告白する』といった信仰職制委員会の重要な共同研究の成果を集約している点です。さらに、神学的人間学に関する研究、福音と文化の関係をめぐるエキュメニカルな解釈学の課題、人種的・民族的アイデンティティと教会の一致への探求をめぐる課題も反映しているといえます。

　さらに第三の特色は、BEM以降急速に進展した二教派間対話の成果が反映している点です。すなわち、1987年『マイセン共同声明』（英国教会とEKD）、1992年『ポルヴォー共同声明』（英国教会と北欧のルーテル教会）、1999年『権威という賜物III』（カトリックと聖公会）、1999年『義認の教理に関する共同宣言』（カトリックとルーテル教会）、2006年共同声明『一致と宣教における共なる成長』（カトリックと聖公会）などが挙げられます。そして第4の特色は、合意文書の教会論に宣教論的考察が随所に反映されている点であり、第1章では、神の宣教の視点で教会理解が明示されていますし、第4章「世界の中の／世界のための教会」においても、全体として宣教論とのクロス的考察が貫徹されています。

　以上、今回、総会に参加する機会が与えられ、その印象と感想、また開会礼拝について、そして新たに提示された教会論のテキストについて、簡単に報告させていただきました。今回の総会に参加させていただいて、いろいろな親しい方々とも再会することができ、もう一度自分自身がリフレッシュさ

れて、日本におけるエキュメニカル運動へのコミットメントが新たにされる思いでした。
　ご静聴、ありがとうございました。

第5章

平和の課題とキリスト教における宣教論の新たな展開

村瀬　義史
（関西学院大学総合政策学部准教授、宗教主事）

はじめに

　2013年10月30日～11月8日、世界教会協議会（World Council of Churches, WCC）の第10回総会が韓国の釜山で開催されました。「いのちの神よ、私たちを正義と平和へと導いてください」（God of life, lead us to justice and peace.）という総主題のもと、WCC加盟教会の代議員をはじめ140ほどの国・地域に広がる多様な教派・教団や関連組織などから約4,500人が集い、共に祈り、交流し、また共に世界の出来事に目を向けて教会と神学の諸課題を共有し、教会としての使命を確認する時を過ごしました。

　地球規模の課題が山積みする今日、全世界人口の約3分の1を擁するキリスト教会が同じ信仰に立つ集団として、国境や人種や教派を超えて手を取り合うエキュメニカル運動は、ますます重要性を増しています。この発表では、エキュメニカル運動の主要な推進組織であるWCCについて短く述べた後、総会と同時並行で開催された若手神学者の学術交流・研修プログラムGETI（グローバル・エキュメニカル神学研究会）と今総会の様子を、この研究プロジェクトのテーマに即していくつかの点に絞って紹介します。そして、世界のキリスト教会による平和への取り組みの、今後の一つの指針として重要であると思われるWCCの新しいミッションステートメントの内容に

ついて論じたいと思います。

1. WCC 総会と GETI

　WCC は、歴史の中で多くの教派に分かれてきたキリスト諸教会が、それぞれの伝統の多様さを尊びつつ一致することを目指し、正義と平和を求めて共に奉仕し、また言葉と行動を通じて共に信仰を証していこうとする運動——これを「エキュメニカル運動」という——を具現する諸教会の交わりです。19 世紀以来のキリスト教の超教派の一致・協力の動きが収斂して、1948 年のアムステルダム総会で創立されました。現在、メソジスト、聖公会、ルター派、改革派、バプテスト、合同教会など多くのプロテスタント諸教会および東方・オリエンタル正教会、さらに一部のペンテコステ派教会や古カトリック教会など、世界 110 の国と地域に広がる 345 の諸教会（教団）で構成されており、総信徒数は約 5 億 6000 万人です。

　WCC は、各地域・各国レベルのエキュメニカル運動と連動しつつ、WCC には非加盟のローマ・カトリック教会（約 12 億人）や世界の福音派およびペンテコステ派などの諸教会——その世界組織である世界福音同盟（WEA）に連なる教会の総信徒数は 6 億人を超える——と協力して、その活動を進めています。さらに、WCC は他宗教との対話や協力を推進しておりますし、創立当初から平和や人道的活動にかかわる諸機関・団体と協力関係にあります。たとえば、WCC 国際問題委員会は国連経済社会理事会（ECOSOC）と総合諮問資格をもって関わっており、ニューヨークには国連との連携事務局があります。アリアラジャ（2012 年）が指摘している通り、世界組織としての WCC は一定の制約を抱えているものの、国際社会において、そしてキリスト教会に対して極めて重要であるといえます。

　WCC の最高意思決定機関は、加盟教会の代議員らが集う総会です。創立総会以降、7、8 年に一度開催されておりまして今回が第 10 回の総会です。総会が東北アジアで開催されるのは、今回が初めてです。筆者は、総会と同時並行で開催された「グローバル・エキュメニカル神学研究会」（Global

Ecumenical Theological Institute, GETI）という若手神学者のプログラムに参加しました。このプログラムには約160名の参加者が、60カ国の120を超える教派（教団）から集まりました。これまでの総会においても、若手の教会教職者や神学者の研究会や研修は行われてきましたが、今回のように世界各地から多様な教派の参加者を集め、16日間の合宿でエキュメニカル神学のリーダーシップ形成をする試みは初めてでした。WCCに加盟していない教派の参加者も含まれていました。そしてこのプログラムをサポートするために、WCCスタッフで、著名な宣教学者のディートリッヒ・ヴェルナー氏のほか25人ほどのシニア研究者も助言者として参加しました。

　主なプログラム内容は、WCC総会の主な全体会や分科会への参加、世界各地のエキュメニカル運動のリーダーや著名な神学者らによる講演、個人研究発表、テキストに関する討議、また、韓国の教会・神学校やキリスト教にまつわる史跡などの訪問です。GETIの講演では、オラフ・トヴェイトWCC総幹事、全アフリカ教会協議会（AACC）のアンドレ・カラマガ総幹事、韓国の民衆神学の第一世代にあたる金容福教授、カトリック宣教学者のスティーブン・ベヴァンス教授ら、現在のエキュメニカル神学をリードする合計33人の講演をうかがいまして、どの講演においても質疑の時間に質問者マイクに並ぶ列が途絶えない、活気ある学びの時間でした。とても濃密なスケジュールなのですが、GETIは単なる学術交流の場ではありません。参加者は、同じホテルに泊まるようにアレンジされ、夜遅くまで少人数のホーム・グループのセッションがあって食事もほぼ毎日一緒でした。共に祈る時間も随所にあり、教派や神学的立場の違いを超えるエキュメニカルな、キリスト者同士の交流が様々な形で促されました。

2. 総会における韓国の教会

　このキリスト教と文化研究センター（RCC）研究プロジェクトのテーマとの関わりで、総会で見られた韓国の教会の様子とWCCとしての公的諸課題への取り組みについて、少し言及しておきたいと思います。

韓国のすべての教会がWCCに加盟しているわけではなく、WCCに否定的な教会があることも事実です。実際、総会会場の周辺では、総会開催中にWCC総会に反発する教会の信徒らによるデモが断続的に行われ、多数の警官が取り囲む物々しい場面も何度か見かけました。それでも、総会開催に際しては韓国教会協議会（KNCC）加盟教会を中心とするかなり広範な教派・教団の協力がありました。

総会では、韓国のキリスト教会の歴史と、現在の活気ある、社会的影響力のある姿が紹介される機会が何度かありました。総会で紹介されていた2005年の統計では、韓国でプロテスタントの人口は861.6万人（人口比18.3％）、カトリックが514.6万人（10.9％）で、仏教は1072.6万人（22.8％）、儒教は105万人（0.2％）です。ここ10年ほど減少傾向のようですが、総会中、「（韓国には）5万の教会、1000万の信徒（がいる）」というフレーズをしばしば聞きました。プロテスタントとカトリックを合わせれば人口の3割近くになり、キリスト教は最も多くの人口を擁する宗教になっています。GETIでいくつもの教会を訪ねましたが、いずれも非常に多くの人が集まり多種多様な集会が行われていました。また韓国には、一つの教会の信徒数が何万人という「メガ・チャーチ」も多数あって、総会準備委員会のキム・サムファン委員長は、約10万の信徒をもつミョンソン教会の牧師です。

クリスチャン人口の多さだけでなく、国際的にも対話の力をもつ神学やその実践が韓国から様々な形で発信されていることや、グローバルな広がりをもつキリスト教や関係団体の隅々まで、文字通り世界各地で活躍する韓国人キリスト者や神学者が増加していることも知りました。今回私が出会った多くの韓国人の研究者や牧師には、アメリカやフィリピン、あるいはヨーロッパで長く滞在して学位を取るなどした方が多くいました。海外で学ぶ教職者・神学者の数は増えているとのことでした。韓国の諸教会による海外への派遣宣教師も、アメリカに次いで世界で2番目に多いと紹介されていました。169カ国に2万4000人を派遣しているそうです。

総会プログラムには、朝鮮半島における平和に対する韓国の諸教会の関心と使命感が、強く反映されていました。総会全体を通しても、東アジア全体の観点からの議論はそれほどなされなかった一方、朝鮮半島の平和の問題を

めぐる言及は明らかに多かったと思います。韓国の鄭烘原首相と釜山の許南植市長が総会に来会して挨拶を述べられましたが、このことは、総会が国家的行事であるかのような印象を与えるものでした。総会開催にあたっては、国から2億円の補助を受けたそうです。

　加えて、総会全体を通してだけでなく、若手の人たちとの会話の中でも感じたことですが、韓国における民主化に関して教会が大きな役割を果たしたことを背景として、「北朝鮮の解放と民主化」ということがキリスト教の使命として語られていることが印象的でした。韓国の教会を紹介する総会の全体会のステージでは、南北に分裂しバビロン捕囚の憂き目にあう旧約聖書のイスラエルの歴史と朝鮮半島の被支配と分断の歴史が重ねられ、さらに、イスラエルの真の解放者としてのメシア（キリスト）と朝鮮民族の解放者としてのキリスト（教会）を重ねて解釈している演出が見られました。このような歴史認識は、WCC総会に集う韓国のキリスト者の間では比較的広く共有されているものなのだろうと思います。

3. WCCにおける公的諸課題への関心

　総会の締めくくりには、全世界のキリスト者に向けられた総会メッセージが採択されました。「正義と平和の巡礼を共にしましょう」（Join the Pilgrimage of Justice and Peace!）と題するこのメッセージは、現在が、経済的、生態的、社会的、霊的な難題に直面する全地球的な危機の時代であるとの認識を示しながら、キリストにおける希望、そして平和と正義、また、和解と一致の重要性を改めて強調しています。そして、これらの実現へと世を変革する神の器としての教会の、あらゆるいのちを守る使命を確かめつつ、全世界の教会が手を取り合うエキュメニカルな「正義と平和の巡礼」に加わるよう、呼びかけています。

　具体的な総会のアクションとして重要なのは、正義と平和をめぐる多くの公的諸課題の中でも特に、WCCとして取り組むべきとされる事柄に対する「声明・覚書・決議」です。これらによって、WCC総会として一致した見

解、政策提言、連帯の意志、また WCC の行動計画や推奨案などを世界に表明し、その事柄に対する各地の教会の関心や取り組みを促します。これは WCC 加盟教会への促しになるばかりでなく、今総会期の WCC の取り組みを導く非常に重いメッセージになります。今回の総会では、結果的に「声明」(Statement) が 6 件、「覚書」(Minute) が 4 件、「決議」(Resolution) が 1 件、採択されました。

　タイトルのみ列挙しますと、「声明」では、①「宗教の政治利用と宗教的少数者の権利について」、②「無国籍者の人権について」、③「朝鮮半島の平和と統一について」、④「『正しい平和』(Just Peace) にむけて」、⑤「中東におけるキリスト者の存在と証しを支持して」、⑥「南スーダンのアビエイにおける現在の危機的状況について」です。「覚書」は、①「コンゴ民主共和国の状況について」、②「『アルメニア人虐殺』から 100 年を憶えて」、③「先住民について」、④「気候変動に関する正義の問題」。そして「決議」として、「米国・キューバ間の関係改善と経済制裁解除への促し」です。

　これらの中から、「朝鮮半島の平和と統一について」の声明に少し言及します。この声明は、1984 年以降 WCC がリードしてきた「東山荘プロセス」による朝鮮半島再統一への取り組みを振り返り、中国、ロシア、アメリカ、日本の動きを視野に入れつつ、WCC が北朝鮮と韓国の間の平和と和解の実現に向けての支持と努力を惜しまないことを明言し、さらに、1953 年の「休戦協定」に替わる平和条約の必要性を訴えています。さらに、北朝鮮に対する国連の経済制裁が、結果的に北朝鮮の「一般の人々、特に貧しい人々を痛めつける手段になってしまうのは明らかで、制裁の事実上の効果についても、倫理的基盤についても疑問である」として、国連が経済制裁を解除し、朝鮮半島の平和のために主導的役割を果たすべきことを提言しているのです。

　実は上記の他に一つ、声明案として「核のない世界に向けて」が提案されました。これはあらゆる核兵器の廃絶と核エネルギーの代替を求める声明案で、日本、韓国、台湾の関係者が協力して提出したものです。しかしながらこの案に関しては、総会で英国の代議員などの反対意見が出され、最終的に時間切れとなって「中央委員会送り」になってしまいました。筆者は陪席者

として議論をうかがっておりましたが、福島の原発事故以後の東アジアにおけるエキュメニカルな最優先課題の一つであったにもかかわらず、この案件が十分に議論されることもなく「時間切れ」になってしまったことを、議事運営の方法の問題も含めて、とても残念に思いました。

4. 世界のキリスト教における変化

　ところで、今総会の重要な出来事の一つは、約30年ぶりとなる、WCCの新しいミッションステートメントが世界の教会に提示されたことです。その文書は『いのちに向かって共に——変化する世界情勢における宣教と伝道』と言い、2012年9月にギリシャで開かれたWCC中央委員会で承認されたものです。

　ここ30年間、世界情勢には大きな変化がありました。たとえば、冷戦の終結と国際社会のパワーバランスの変化、自由市場経済のグローバル化、難民流出や移住による広範な移動、民族間そして宗教間の摩擦の増加、テロリズムの拡大、社会の多元化、IT技術の急速な進歩とコミュニケーション形態の変化、地球規模の自然破壊や汚染に対する認識の高まりが挙げられるかと思います。

　これらの変化と共に、世界のキリスト教においても、いくつかの大きな変化がありました。ここでは三つのことを簡単に述べたいと思います。

　第一に、世界のキリスト教における地理的・教派的形勢の変化です。今日では、大多数のキリスト者が南半球もしくは東洋に暮らしているか、それらの地域の出身者です。これらの地域の多くは経済的・社会的に厳しい環境にあります。しかし、これらの地域の教会が活発な宣教の担い手になっており、WCCにおける存在感を増しているのです。この事実は、今総会におけるアフリカ諸国のキリスト者たちの顕著な貢献にも示されています。彼らの貢献の背景には、各地の内乱や紛争、貧困、飢餓、疾病、資源の搾取、乱開発などによって多くの人のいのちが脅かされ、また自然が破壊される凄まじい現実があり、さらに、そのただ中でキリスト教人口が著しく増加している

事実があるのです。また、世界的な人口移動による社会の文化的・人種的・宗教的多元化は、新たな「共生」の諸課題を提起し、教会の宣教のあり方に挑戦を投げかけています。

　第二には、自然破壊が、温暖化などの気候変動の一因であることが強く認識される中で、人間と人間の関係だけでなく、被造世界全体の中で人類がどうあるべきか、ということが重要な神学的課題になっていることです。この点に関して、海面上昇の危機にある南太平洋諸島の人々、そして、一部の先進国や新興国による天然資源の搾取や乱開発の影響を被るアフリカの、経済的、社会的あるいは政治的に周縁に追いやられた人々と共にある共同体として、これらの地域の教会の声は総会において力強く響いていました。

　そして第三に、エキュメニカル運動における神学的議論の中で、全地球的な関心と共に、包括的な意味での「いのち」とその与え主としての「聖霊」に注目する言説が前面に現れるようになっていることです。今回の総会のテーマは、「いのちの神よ、私たちを正義と平和へと導いてください」でした。このフレーズにおいて、「いのち」と「正義と平和」は分かち難く結ばれています。1980年代に、環境破壊、生態系、気候温暖化などのエコロジカルな諸課題への関心がキリスト教において高まり、1990年にWCCが主催して、韓国のソウルで「正義・平和・被造物の保全（Justice, Peace, Integrity of Creation： JPIC）世界会議」が開催されます。このJPIC会議は、従来WCCが取り組んできた「正義と平和」に加えて、あらゆる「いのち」の尊厳を守り、慈しむことが教会の重要課題であるというエキュメニカルな認識を鮮明にした会議でした。今回の釜山総会の総主題も『いのちに向かって共に』の内容も、JPIC会議とそれ以降のエキュメニカルな議論の発展を受け継ぐものです。

　以上の変化が主な背景となって、このたびの宣教・伝道に関する新しい文書が成立しました。

5.『いのちに向かって共に－変化する世界情勢における宣教と伝道－』の特色

　WCC 世界宣教伝道委員会（CWME）が中心になって作成した、全 112 セクションにわたるこの文書は、次のような内容構成です。

　　序論　－いのちに向かって共に－
　　Ⅰ．宣教の霊　－いのちの息吹－
　　Ⅱ．解放の霊　－周縁からの宣教－
　　Ⅲ．共同体の霊　－躍動する教会－
　　Ⅳ．ペンテコステの霊　－天地万物のための福音－
　　結びの宣言　－いのちの祝宴－

　内容の特色を、四つのポイントを挙げながら述べたいと思います。はじめに、この文書の基本的枠組みが示されている、冒頭の部分を引用します。

　　　私たちは、すべてのいのちを創り、贖い、支える三位一体の神を信じる。神は世界（オイクメネー）全体を神にかたどって創り、いのちを祝福し守るために、絶え間なくこの世界で働いておられる。私たちは、世のいのちであり、神のこの世に対する愛（ヨハネ 3：16）の受肉であるイエス・キリストを信じる。充ち満ちたいのちを確かなものとすることが、イエス・キリストの最たる関心であり、使命である（ヨハネ 10：10）。私たちは、いのちを守り、力づけ、さらに被造世界全体を刷新するいのちの与え主、聖霊なる神を信じる（創世記 2：7、ヨハネ 3：8）。いのちの否定は、いのちの神を拒否することである。神は、三位一体の神による、いのちを与える宣教へと私たちを招き、新しい天と地においてすべての被造物に与えられる、豊かないのちの幻を証しすることができるよう、私たちに力を与えてくださる。（§1）

このような言葉で始まる本文書の第一の特色は、豊かないのちを与える三位一体の神の業に参与することが、教会の本質的使命である、と考えられていることです。ここで用いられる「いのち」という用語は、生物的・生態的・経済的・社会的・宗教的側面からホーリスティックに捉えられています。「いのち」とは、すなわち、水や食料に関わることであり、尊厳や権利や公正さと不可分の概念です。それゆえに、経済的、政治的、社会的な正義に関わる問題は、宣教における関心事の一部となるのです。豊かないのちを目指す三位一体論的宣教とは、三一なる神との、そして他者および全被造物との相互内在的な「生」への招きであり、愛、正義、調和、そしていのちの豊かさの分かち合いであると考えられています（§20、§50～55、§61 などを参照）。

　特色の二つ目は、神の三位格における、「いのちの与え主」としての聖霊――ニケア信条でそのように告白されている――の働きへの参与に、宣教の力点が置かれているということです。信ずる者たちを興し、集め、全被造物がいのちに充ち満ちる新しい天と地を指し示す証人の群れとして活気を与え、全被造物のいのちを配慮するよう教会を導くのは、聖霊の業であることが随所で告白されています（たとえば§3、25）。無論、人間の罪への傾向、悔い改めへの招き、また洗礼とキリストによる贖罪が軽視されているわけではありません。しかし、天地創造にはじまり、終末における全被造物の刷新といのちの充溢に向かって止むことなく働いている聖霊によって生かされることが、教会にとって不可欠なのだというのです。そして、宣教における教会の役割とは、この世界で聖霊が働いている場を識別することであり、いのちを破壊する勢力に気づき、これに抵抗するスピリチュアリティをもって、いのちを与える聖霊の働きに加わることであると、述べられています（§2、§12～17 も参照）。

　この点に関連して指摘しておきたいのは、「聖霊」というものが決して教会の所有物ではなく、キリスト教の枠を超えて全被造物の中で、しかも他の宗教や文化においてさえ見出しうるものであるという認識が示されていることです（§93）。教会が、キリスト者以外の人々に対して、あるいは「非キリスト教的」だと思われる文化などに対して創造的・生産的に関係し、共存し

ながら共同体を形成することは、外圧への反応という消極的なものではなく、キリスト教信仰の内的・本質的な要請に他ならないというのです。

そして、創造、贖い、刷新という聖霊の業の内にすべての被造物を位置づけることを宣教の考察の出発点に据える宣教理解は、自ずと、教会を被造世界全体と向かい合わせます。三つ目の特色は、人間のいのちの全領域だけでなく、被造世界全体を視野に入れたコスミックな宣教のパースペクティブが提示されていることです（§19 など）。この視座においては、もはや人間個人の回心や救いを目的とする働きとしてのみ宣教を語ることはできません。神の宣教は、天地創造において始められたのであり、福音は全被造物にとって福音である。「それゆえ、神ご自身の宣教を全宇宙的な意味で把握すること、そして、すべてのいのちと全世界を、神が創造されたいのちの広がり中で相互に結び合わせられているものとして、受け止めることが肝要」なのである、と述べられています（§4）。環境や生態系におけるエコロジカルな正義と平和の課題への取り組みは、いのちの神による召命に他ならない、というのです。

四つ目の特色は、「周縁からの宣教」という宣教理解です。この点は、本文書の作成にあたった CWME 議長の G・モル・コーリロス府主教（インド、ヤコブ派シリア教会）自身が、この文書の最も重要な点であると指摘しておりました。世界の貧しい地域の人々の多くが社会的、政治的、経済的な周縁化を被っている状況にあって、「周縁」は、宣教的活動が向けられる場として注目されてきました。ところが、キリスト教の人口的形勢の重心が、欧米から南や東へと移っていくここ数十年の動きの中で、周縁化を被っている人々の教会が成長しつつあるのです（§6）。今や、宣教とは経済的に豊かで力をもつ「中心」にいる者が周縁に行くことを意味していない、と WCC は言います。神が働いておられるのは貧しき者、弱き者の間においてなのであり、キリスト者たちはそこで、神の働きに加わるよう招かれているのだ、と。また、周縁に置かれた人々は「中心」にいる人々が見えないものを見ており、自らが「中心」にいると思い込んでいる人々、あるいは誰かを押しつぶす形で「中心」にいる人々に対する宣教の担い手として、周縁の人々が用いられる、と述べられているのです。「周縁への宣教」でも「周縁での宣教」

でもありません。この「周縁からの宣教」という宣教理解は、キリスト者ではない人々を含む周縁の人々によってキリスト者が宣教されるとの考え方を含む、斬新なものであると思われます。

　今総会に参加して筆者が強く感じさせられたのは、この「周縁からの宣教」という宣教パラダイムが、決して、思弁的な神学思想として考え出されたものではないということです。世界に見られる経済的・政治的支配の構造と格差の問題は、当然ながら世界の諸教会が出会う場においても浮き彫りになるのであり、そうしたエキュメニカルなレベルでの共働と語り合いの中で導き出されてきたのが、この「周縁からの宣教」なのです。

　以上のような内容的特色を備えた『いのちに向かって共に』は、WCCと並ぶ世界の福音派キリスト教の世界的ネットワークである世界福音同盟（WEA）やローマ・カトリック教会との対話も経た、しかも長い年月にわたるエキュメニカルな議論の成果です。この文書は、今後のエキュメニカルな宣教・伝道論を新しい段階へと押し上げる役割を果たすことになることでしょう。

おわりに

　以上、若手神学研究者の研究・交流のプログラムGETIを通して参加した、第10回WCC総会に関する報告と考察、またWCCの新ミッションステートメントの内容について述べてまいりました。WCCが大きな力を注いで実施したGETIは、今後のWCCやエキュメニカル運動を支える神学的研究を活発に進める一勢力として機能してゆくことが期待されています。総会後の現在もGETI参加者の交流は維持されており、WCC教育部やボセー・エキュメニカル研究所の協力によって、継続的な研修や共同研究などのプログラムが準備されています。

　また、特に本発表で着目した『いのちに向かって共に』は、今後のWCCにおけるキリスト教的使命の理解と実践において基本的指針となるばかりでなく、肯定的であれ批判的であれ広く世界のキリスト教会で参照され、教会

の宣教・伝道をめぐる議論の活性化に寄与する文書になると思われます。WCC 世界宣教伝道委員会の研究雑誌には、早くもこの文書に対する様々な応答が寄せられ、活発な議論が始まっています。

　さらに『いのちに向かって共に』は、キリスト者の一致を促すだけでなく、「いのちの充溢」に着目する聖霊論的宣教理解を通して、他宗教などキリスト教以外の立場の人々との関係を捉え直し、いのちを守り慈しむことにおいて共働することを促す意義をもっています。この文書をはじめとするWCC の活動成果の分かち合い、そしてエキュメニカル運動への参与は、日本のキリスト教会がより開かれた共同体となり、世界の教会と共にその本来的使命を果たすうえで、一つの大きな後押しとなることでしょう。

参考文献

Ariarajah, S. Wesley, "Achievements and Limits of the World Council of Churches", in Radano, John A.(ed.), *Celebrating a Century of Ecumenism,* Wm. B. Eerdmans Publishing Co., 2012, pp.3-14.

Keum, Jooseop (ed.), *Together Towards Life : Mission and Evangelism in Changing Landscapes (With a Practical Guide)*, WCC Publications, 2013.

Senturias, Erlinda and Theodore A. Gill, Jr. (eds.), *Encountering the God of Life : Official Report of the 10th Assembly,* WCC Publications, 2015.

World Council of Churches, *Ecumenical Conversations : Reports, Affirmations and Challenges from the 10th Assembly,* WCC Publications, 2014.

西原廉太「エキュメニカル運動の現在と将来——世界教会協議会（WCC）第 10 回総会（講演記録）」、東北学院大学ヨーロッパ文化総合研究所『ヨーロッパ文化史研究』第 16 号、2015 年、1-26 頁。

村瀬義史「WCC における宣教・伝道論の現在——『いのちに向かって共に』を参考に」、日本宣教学会『宣教ジャーナル』第 9 号、2015 年、14-44 頁。

第 6 章

カトリック信徒から見た WCC（世界教会協議会）

小林　和代
（関西学院大学大学院神学研究科研究員）

　第 10 回 WCC 釜山総会に、参加者という資格[1]で 10 日間の全日程（2013 年 10 月 30 日〜11 月 8 日）に出席しました。第 10 回総会の日刊紙 *Madang*（第 1 号、2013 年 10 月 30 日付）によりますと、初日の 10 月 30 日には、世界 100 カ国以上の 300 を超える教会、韓国人 2,500 人を含むおよそ 5,000 人が参加したとのことです。私は、初めて国際会議に出席して広い会場で、多くの人に囲まれて戸惑いながらも、いろいろな国から参加したキリスト者に出会って、改めてキリスト教が世界にまたがる宗教であることを実感しました。同時に、世界のキリスト教会の動きを肌で感じ、一人のキリスト者として新たな出発ができたと思っています。私自身はカトリック信徒であり、エキュメニズムを研究していて、また女性であるというこの三つの視点から総会を振り返りたいと思います。

　世界中のキリスト者が集まる総会はどのようなものだろうかという好奇心もありましたが、参加した理由は、第一に、カトリック教会が世界の教会の中で占めている位置はどのようなものか、そして世界のカトリック信徒がエキュメニカル運動にどのように関わっているのか、第二は、総会で何がどのように討議されるのか、第三に、カトリック教会では女性の司祭を認めていませんので、プロテスタント教会で女性が教職者として働く機会や場など、

---

[1] 参加の資格には、投票権がある WCC 加盟教会の代議員のほか、報道関係者などを含めて、全部で 15 種類ある（*Programme Book of WCC 10th Assembly, Busan, 2013,* Geneva : WCC Publications, pp.5-7）。

女性を取り巻く環境について、WCC はどのように克服しようとしているかを知りたかったからです。

1. カトリック教会の活動

　カトリック教会はオブザーバーとして WCC から招かれました[2]。カトリック教会は WCC に加盟していませんが、WCC の研究部門である信仰職制委員会には加盟しています。総会には、教皇庁キリスト教一致推進評議会[3]次官のブライアン・ファレル司教を団長として、20 人の代表団が参加し、推進評議会議長のクルト・コッホ枢機卿が教皇フランシスコのメッセージを代読しました。他に、バチカン放送の記者が取材に訪れ、総会の様子は連日バチカンの公式サイト[4]で報道されました。

　総会では、毎日、その日のプログラムの開始前と終了後に、それぞれ 30 分の礼拝があり、夕の礼拝は教派が交代で担当しました。礼拝の形式は祈りと聖書朗読と讃美歌が中心です。11 月 5 日にカトリック教会が担当した夕の礼拝では踊りを取り入れ、神への賛美を表現していました[5]。私には、このような礼拝の形式はカトリック教会に通い始めてから初めての経験でしたので、非常に印象的でした。

　その他に、総会参加者すべてには、21 種類のエキュメニカル対話の中から一つ選んで、今日の教会の一致、宣教、証しに影響を与える重要な問題（教会が互いに共通の応答を求められている）を話し合う時間が設けられました[6]。私が参加したのは「エキュメニカル対話 01」（「一つになることを召されて：新しいエキュメニカルな展望」）です。討議の目的は、新しいエキ

2）この種の参加は、発言することはできるが投票権はない（*Programme Book of WCC 10th Assembly, Busan, 2013*, p.47）。
3）教皇庁の機関の一つで、キリスト教会間の一致を再築するために諸活動を行っている。
4）Official Vatican Network
5）カトリック教会の礼拝は、〈http://wcc2013.info/en/news-media/video/recordings/priere-du-soir-5-novembre.html〉（2016. 11. 30. 現在）で見ることができる。
6）*Programme Book of WCC 10th Assembly, Busan, 2013*, p.15.

ュメニカルの重要な要因の一つがペンテコステ派に所属しない教会が現れたこと、二つ目は異なった社会での経済的、政治的、文化的、宗教的な面で世界化が進み、教会の一致と協力の新しい形を強めることにもなっていることから、現在の状況と課題を評価しようというものです[7]。ここでのエキュメニカル対話では助言者団（リソースパーソン）の一人はカトリックの修道女でしたし、カトリックの司祭も出席していて、カトリックやプロテスタントには関係なく自由に意見を述べていました。

　会期中に教派別会議が 2 回設けられ、カトリック教会には、5、60 人ほどが参加していました。内容は、ビデオによる韓国カトリック教会の歴史と、釜山司教による韓国カトリック教会の現状の説明があり、そのなかで、北朝鮮カトリック教会には語りかけているが、応答がなく、北朝鮮のキリスト者の状況は掴めないということでした。出席者は司祭、修道者・修道女が目立ち、その人たちがエキュメニカル運動を主導しているように感じましたが、信徒たちも、自分の研究している神学の分野や携わっているエキュメニカル運動の活動について話し、教職者に頼らずに行動している姿を目の前にして、自分も何かしなくてはという気持ちが湧いてきました。

2. 総会について

　総会は、共同の祈り、バイブル・スタディ、主題についてのプレナリー（全体会議）、エキュメニカル対話、マダンという名のワークショップや展示を通して、祝宴、対話と研究で構成されています[8]。総会についての第一印象は、世界中からキリスト者が集まる大イベント、お祭りであり、社交の場でした。いろいろな言語が飛び交い、再会を喜びあう人の姿もありました。オープニングセレモニーは、あいさつのあと、韓国のキリスト教史が歌や踊りを用いて大絵巻のように繰り広げられました。しかし主題のプレナリーで

---

7) 第 10 回総会文書 "Document No. DOC REF. EC 01- *Called to be One : New Ecumenical Landscapes.*"
8) *Programme Book of WCC 10th Assembly, Busan, 2013*, p.15.

は、アジア、宣教、一致、正義や平和などのテーマで、社会悪に対して教会はどのように取り組んできたのか、教会が社会の中で果たすべき役割などについて、スピーチやパネル・ディスカッションが行われました。舞台の壁面には、テーマに関係する映像が映し出されて、視覚にも訴えかける素晴らしい演出だったと思います。特に 11 月 7 日に行われた平和のプレナリーには、2011 年にノーベル平和賞を受賞されたリーマ・ボウイーさんとの対談が行われました。背後には若者がいろんな国の言葉で「平和」と書かれたプラカードをもって平和を訴えていて、壁面に映し出された映像を見ながら平和について考えさせられました。このプレナリーは、ボウイーさんの話とともに私にとって忘れられないものになっています。

　文書を決定するビジネスセッションでは白熱した議論が続きました。一致に関する文書が多くあると思っていたのですが、それは一つだけで、人権、アルメニア虐殺 100 周年、南北問題、社会情勢や環境問題というようなもので、教会が社会に関わっている、そして関わらざるをえない状況にあるのだということが理解できました。会場内に何台もある大型スクリーンには、代議員が自分たちの意見を述べる様子や、討議されているドキュメントの文が次々と訂正されていくので論点がよくわかり、ドキュメントが出来上がっていく場に自分もいるのだと、非常に感激しました。

3. 女性の活躍

　会議場やフロアーなどで、多くの女性を見かけましたので、過去 10 回の総会の報告書から総会代議員と中央委員会での女性の人数を数えてみました[9]。報告書によっては男女の記載がないものもありましたが、第一回アム

9）アムステルダム総会：W. A. Visser't Hooft, ed., *The First Assembly of the World Council of Churches,* London ： SCM Press, 1949, pp.236-255, pp.218-219.
　エヴァンストン総会：W. A. Visser't Hooft, ed., *The Evanston Report ： the Second Assembly of the World Council of Churches 1954,* London ： SCM Press, 1955, p.336, pp.260-262.
　ニュー・デリー総会：W. A. Visser't Hooft, ed., *The New Delhi Report ： the Third* ↗

第 6 章　カトリック信徒から見た WCC（世界教会協議会）　　103

ステルダム総会から今回の釜山総会までの各総会での代議員と中央委員会における女性委員の数と割合を表にしました10)。表 1 は総会代議員の女性の占める割合です。第 1 回から第 4 回総会までは、全体の 1 割にも満たなかったのですが、1975 年に開催されたナイロビ総会では、22％ が女性です。その年は国際連合の国際婦人年であり関係があると思われます。ヴァンクーヴァーでは 30％ に届こうとしています。キャンベラ総会ではおおよそ 35％ で、釜山ではほぼ 38％ です。

Assembly of the World Council of Churches 1961, New York : Association Press, 1962, p.136, pp.369-393, pp.399-400.
ウプサラ総会：Norman Goodall, ed., *The Uppsala Report 1968 : Official Report of the Fourth Assembly of the World Council of Churches, Uppsala July 4-20, 1968,* Geneva : World Council of Churches, 1968, p.147, pp.407-444, pp.458-461. ウプサラ総会議事録には男女の記載がなく、代議員の女性数についてのみ、Anna Karin Hammar, "After Forty Years—Churches in Solidarity with Women?," *Ecumenical Review,* Vol.40(3-4), 1988, p.531 による。
ナイロビ総会：David M. Paton, ed., *Breaking Barriers, Nairobi 1975 : the Official Report of the Fifth Assembly of the World Council of Churches, Nairobi, 23 November-10 December, 1975,* in collaboration with the World Council of Churches by SPCK, London, WM. B. Eerdmans, Grand Rapids, 1976, pp.355-371, pp.283-286.
ヴァンクーヴァー総会：David Gill ed., *Gathered for Life-Official Report VI Assembly World Council of Churches Vancouver, Canada 24 July-10 August 1983,* Geneva : World Council of Churches, 1983, p.126, pp.279-301, p.126, pp.261-265.
キャンベラ総会：Michael Kinnamon ed., *Signs of the Spirit-Official Report Seventh Assembly, Canberra, Australia, 7-20 February 1991,* Geneva : World Council of Churches, 1991, pp.7-9, pp.287-310, pp.342-346.
ハラレ総会：Diane Kessler ed., *Together on the Way-Official Report of the Eighth Assembly of the World Council of Churches,* Geneva : World Council of Churches, 1999, p.6, pp.282-311, pp.347-351.
ポルト・アレグレ総会：Luis N. Rivera-Pegán ed., *God, in your grace . . . Official Report of the Ninth Assembly of the World Council of Churches,* Geneva : WCC Publications, 2007, pp.391-407, pp.434-437.
釜山総会：Erlinda N. Senturias and Theodore A. Gill, Jr. eds., *Encountering the God of Life-Report of the 10th Assembly of the World Council of Churches,* Geneva : WCC Publications, 2014, pp.347-364. 釜山総会の代議員の数は、"World Council of Churches 11th Assembly Document No. NC 03.2 Final." による。
10) 執筆者が各総会の報告書記載の参加者を数えているため、総会代議員の数は、執行委員会が指名した数とは異なっている場合がある。ヴァンクーヴァー総会から青年の参加も記載されているが、男女の人数には青年も含まれている。

表1　総会代議員に占める女性の割合

	開催年	開催場所	総会代議員総数	女性	女性／総数比率(％)
1	1948	アムステルダム	351	22	6.3
2	1954	エヴァンストン	502	44	8.8
3	1961	ニュー・デリー	604	42	7.0
4	1968	ウプサラ	704	50	7.1
5	1975	ナイロビ	677	148	22.0
6	1983	ヴァンクーヴァー	839	248	29.6
7	1991	キャンベラ	852	297	34.9
8	1998	ハラレ	966	367	38.0
9	2006	ポルト・アレグレ	671	246	36.7
10	2013	釜山	650	245	37.7

　表2は、中央委員会における女性委員の占める割合です。総会代議員の数とも関係がありますが、アムステルダムでは2人で2.2％、以後ウプサラまではあまり変わらず、ナイロビで20％を超え、釜山では38％に増えています。

表2　中央委員に占める女性委員の割合

	開催場所	中央委員総数	女性	比率(％)
1	アムステルダム	90	2	2.2
2	エヴァンストン	90	5	5.6
3	ニュー・デリー	100	4	4.0
4	ウプサラ	120	7	5.8
5	ナイロビ	120	25	20.8
6	ヴァンクーヴァー	145	38	26.2
7	キャンベラ	147	52	35.4
8	ハラレ	146	55	37.7
9	ポルト・アレグレ	147	61	41.5
10	釜山	150	58	38.7

　釜山総会では中央委員会のモデレーターとして初めて女性が選出されました。今回の総会には、WCCは全349加盟教会に「総会代議員」の推薦を要

請しましたが、代議員数が2名以上割り当てられている教会には、ジェンダーバランスと青年をなるべく入れるように求めたそうです[11]。そのような意味でも、WCCは女性が能力を発揮し、活動できる場を提供していると感じます。いろいろな質疑でも多くの女性が自分の意見をはっきりと述べています。しかし、彼女たちの教会では、女性の牧師として、彼女たちを取り巻く環境はどういうものなのでしょうか。会場で配られたWCC作成の *Moving towards a Just Community of Women and Men* というタイトルのDVDが手掛かりになります。17分ほどの短いものですが、タイトルは女性が先に書かれているように、その内容は女性の教職者への偏見や差別の実状と、そのような状況を乗り越えようとしている女性たちへのインタヴュー、教会で活動している女性たちに教育を行っている様子です。このビデオ以外に *Journey for Justice : The Story of Women in the WCC*[12] も出版されています。この本の前半は、エキュメニカル運動の始めから女性たちが男性と一緒に一致を探し求めてきた姿を描き、後半は、エキュメニカル運動を通して教会を刷新しようと苦闘した女性たちの人生を描いています。このようにWCCが啓発活動を行っていること自体、教会内で女性たちを取り巻く環境が厳しいことを示しているのではないでしょうか。

4. 新たな経験と自覚の芽生え
――女性信徒としてエキュメニズムを研究する者として――

　一番楽しみにしていたのは、朝の礼拝に続いて行われたバイブル・スタディの1時間です。毎日決められた聖書の箇所を読みながら、総会のテーマである正義と平和を実現するために、キリスト者としてどのように関わっていくのか、また関わってきたのかを、自分の経験などを踏まえて分かち合いま

---

[11] 西原廉太「世界教会協議会（WCC）第10回釜山総会の概要」『福音と世界』2013年1月号，56-59頁。
[12] Natalie Maxson, *Journey for Justice : The Story of Women in the WCC,* Geneva : WCC Publications, 2011.

した。この時間のテキスト[13]は参加者にあらかじめ配布されていて、英語を使用する部屋は13部屋が用意されました。フランス語が2部屋、スペイン語1部屋、ドイツ語1部屋で、他にインドネシア語が1部屋、韓国語には大きめの1部屋が用意され、私が出席した英語を使用する部屋には12、3人が集まりました。部屋には毎日だいたい同じ人が出席しましたので、少しずつ親しくなってきました。自分の考えを英語で言おうとするとすぐに出てこないときに、あなたはこういうことを言いたいのでしょう、と助けてくれる人が出てきて部屋全体が和やかな雰囲気になりました。このバイブル・クラスでの経験がキリスト者としての私の意識を大きく変えることになりました。旧約聖書の「正義をつきることなく流させよ」（アモス書5：24）を聞いたとき、正義とは何か、誰にとっての正義なのか、平和とはどういうものか、誰にとっての平和なのか、一人の信仰者としてあなたは何ができるのかと、次々と私に問いかけられたような気がしました。日本カトリック司教協議会は教会が社会問題にかかわる意味を説明していますが[14]、私は教会が世俗の問題にかかわることに何か抵抗がありました。しかし、人権問題や社会の不正義、環境問題などは神から与えられたいのちに関係することであり、これらの問題に目を背けないでキリスト者として行動していかなければならないことに気付いたのです。

　これ以外にも、女性信徒として私も何かできるのではないか、またしなければならないと思ったことです。第2バチカン公会議の『教会憲章』（30-38項）[15]で、信徒はもはや教会のヒエラルキーのなかで助け手としてではなく、信徒使徒職という役割があることを宣言しています。さらに1988年には教皇ヨハネ・パウロ二世が使徒的勧告『信徒の召命と使命』[16]を発表して、女性が男性と同じくバプテスマと堅信によって祭司、預言者、王としてのキリ

---

13) Jooseop Keum ed., *God of Life : Bible Studies for Peace and Justice,* Geneva : WCC Publications, 2013.
14) 日本カトリック司教協議会　社会司教委員会（編）『なぜ教会は社会問題にかかわるのか Q&A』、カトリック中央協議会（2012年）。
15) 第2バチカン公会議文書公式訳改訂特別委員会（監訳）『第二バチカン公会議公文書　改訂公式訳』、カトリック中央協議会（2013年）。
16) 教皇ヨハネ・パウロ二世（小田武彦・門脇輝夫訳）『使徒的勧告　信徒の召命と使命』、カトリック中央協議会（2006年（原文は1988年発表））。

ストの使命をもっていることを教会が明確に宣言し（51 項）、第 2 バチカン公会議の信徒理解からもう一歩踏み出して、教会内に女性の積極的な役割を求めています。また高齢者に対しても使命を果たし続けるようにと促し、その役割を十分認めています（47 項）。ですから、高齢に達しつつある私にもキリスト者として果たさなければならない使命があるように思われるのです。

　総会への参加の実りとしては、ワークショップに参加し、その内容に触発されて短い論文を書いたことです。釜山総会では、ワークショップというプログラムが 4 日間（各回 90 分）設定され、1 回 22 種類（合計 88 種類）のうちから自由に参加できました。私が参加した「神はいったい何を創造したか」では、キリスト教の伝統における創造の神学についてのお話でした[17]。それで神のかたちに、神に似せて造られ、極めて良いとされた人間とはどのように捉えられるのかと思い、神学的人間学をキリスト教的な観点から研究した信仰職制委員会の文書[18]をじっくり読みました。同時に、WCC での障がい者をめぐる議論の論点と変遷を議事録や研究書などからたどっていきました。これらの議論の積み重ねによって、WCC 信仰職制委員会の研究文書『一つのバプテスマ』で知的障がい者のバプテスマへの道が開かれたわけですが[19]、ここに至るまでの討議をカトリック教会の障がい者への取り組みを含めて考察し、学会で発表しました[20]。

---

17) この論文は『エキュメニカルレヴュー』に掲載されている。Ernst M. Conradie, "What on Earth Did God Create?," *Ecumenical Review,* Vol.66(4), 2014, pp.433-453.
18) *Christian Perspectives on Theological Anthropology,* Geneva: World Council of Churches, 2005.
19) *One Baptism: Towards Mutual Recognition: A Study Text, Faith and Order Paper No.210,* Geneva: World Council of Churches, 2011, pp.14-15.
20) 『知的障がい者のバプテスマをめぐるエキュメニカルな議論──WCC『一つのバプテスマ』とカトリック教会の取り組みを中心として』（2016 年 3 月に日本基督教学会近畿支部会で研究発表を行った）。

おわりに

　総会での講演、討議、礼拝などはすべて英語で行われ、英語がコミュニケーションの手段であると痛感し、同時に神学の知識が必要だと感じました。それとともに中学校、高等学校、大学で学んできた英語が、植民地における支配国の言語でもあり、英語を使わざるをえなかった人々がいるという英語がもっている暗い歴史と、独立してもそれぞれの部族が言語をもっていて、互いに意志の疎通を図るために英語に頼らざるをえないという現状も見え、英語という言語に対する視点が変わりました。

　釜山総会に参加して、私の生き方を変えるほど大きな経験をし、また今までとは異なった視点から研究ができるようにもなりました。このような機会を与えられたことに感謝しながら、「キリストの証し人として何をしなければならないか、また何をすることができるか」と祈りのうちにその答えを探し求めていこうと思います。

第7章

日本の軍事力・平和力・市民力と東アジアにおける平和構築
――靖国参拝と憲法九条改正も踏まえて――

水戸　考道
（関西学院大学法学部教授）

はじめに

　本章のテーマは東アジアにおける平和構築の可能性についてですが[1]、その目的は二つあります。一つは、日本の軍事力・平和力・市民力という観点から、日本・中国・韓国を中心とする東アジアにおける平和構築を可能とする要因を体系的に検討すること。もう一つは、この考察を東アジアにおける国際関係の争点である靖国参拝問題と日本の憲法九条の改憲問題に応用し、これらの問題解決の糸口を検討することです。

　本研究プロジェクトの焦点は、宗教団体やNGOなど、国家ではなくシビック・ソサエティのレベルに主眼があるのですが、東アジアにおける平和構築の可能性について真剣に考えるならば、国家を無視するわけにはいきません。なぜなら非国家行為体の活動は、現代の国家主体の国際体系下において、国家の規制のもとで展開されざるをえないからです。

　そこで本章ではこの問題を、国家も含めさらに大きな視野から考察したい

1）本研究は多くの方々からのご支援の賜物である。特に「東アジアの平和と多元的な宗教・NGO・市民社会の役割」研究プロジェクトを主宰された山本俊正・関西学院大学商学部教授・RCCセンター長、また貴重なコメントをくださったChristian Morimoto Hermansen同大学法学部教授をはじめ多くの同僚と参加者に記して感謝したい。

と思います。

1. 軍事力・平和力・市民力とは

　国際社会は様々なアクター、構成員からなっています。近年は国際機関やNGO、多国籍企業なども脚光を浴びておりますが、一番影響力のある構成員はやはり国民国家です。国家は市民とそのリーダーが率いる政府からなっており、北朝鮮やキューバあるいは中国やシリアなど、様々な政治体制からなる国家群があります。

　民主主義国家では様々な民意が反映され、国民の多くが戦争を嫌っていれば平和志向になるかというと、そうとは断言できません。特に民主主義のモデルといわれるアメリカは、20世紀に二つの大戦を経験後、今世紀に突入しても戦争を続けており、戦争に従事していない年はありません。また民主国家であると我々が信じている日本においても、両議院において民主的に選ばれた政治家や指導者が、国民の大多数の意志に反して戦争を助長させる可能性の高い立法をすることが可能です。2015年の自衛隊の海外派遣に関する一連の立法はその好例ですが、これは民主主義における絶対多数政権による独裁の代表例です。市民は国会に送った代表者が何をしているのか常に目を光らせる必要があるうえ、民主主義にも大きな弱点と限界があります。偉大な政治家ウインストン・チャーチルが指摘したように、民主主義ほどひどい政治制度はないが、それ以上の制度も知らないという名言に凝縮されています。

　国際社会の構成員には、国家群のほかNGOsや多国籍企業（MNCs）、テロ集団あるいは赤十字や国際機関なども含みます。この研究プロジェクトでは、主にNGOsや非国家行為体に主眼を置いて研究を進めていますが、やはり東アジアの平和構築を考えるとき、国際体系上で一番影響力をもつ国家間の同意、つまり当事国が望むか合法的でなければ彼らの活動は許されず、東アジアでの平和構築に貢献することは不可能です。言うなれば、東アジア諸国が平和を確立することがそれぞれの国益の増大になると認識し合意する

とともに、非国家行為体の行動が合法的であるということが、教会や市民団体が東アジアで平和構築のために貢献できる大前提になります。そこで本章では、そのために日本は何ができるか、何をするべきかという問題を、三つの柱となる軍事力・平和力・市民力に着目して考えてみたいと思います。さらにはこのような体系的な分析を、靖国問題あるいは改憲問題に応用したいと思います。なぜなら前者は、東アジアの平和構築上で一番大きなハードルの一つになっていますが、改憲問題は平和構築をするための大きな可能性を秘めているからです。

　問題に入る前に概念の定義をしたいと思います。まず軍事力とは、国土や国民を防衛したり戦争を防止しますが、逆に戦争を遂行したり、秩序や和平の維持もする国家の能力です。国際関係理論上、多くの政策決定者に影響を与えてきた現実主義理論の提唱者であるハンス・モーゲンソーは、軍事力の構成要素は国民の士気・地政・資源・工業力・経済力・技術力・人口・資源・国民性、それから統制力・外交の質・リーダーの質などによって決定されると論じています。軍事力は戦争を防止する力と戦争を遂行する力の二面からなっています[2]。

　これに対して平和力あるいは平和建設・維持能力とは、武力に訴えず平和的手段で紛争を解決し、秩序を維持する能力です。他の主権国家あるいはテロ組織などに対して、平和が国益であり、それぞれの組織の利益を増大させると認識し合意させる能力で、この中には平和思想の影響力やソフトパワーなどもあります。これは平和力に矛盾するかもしれませんが、たとえば核兵器など大量破壊兵器（WMDs）を開発保持し、恐怖の脅威に基づくようなバランスによる平和構築も可能です。あるいはトルストイのような人道主義や考え、アイディアや理念を人々の心に訴え、リーダーや国民を動員させることも可能ですが、非武装平和主義というような考え方もあります。以上、集合的に考えると軍事力と平和力は相反するものではなく、オーバーラップする部分があります。

　それでは市民力というのはどういうものかというと、各国には統治する立

2） ハンス・J・モーゲンソー（現代平和研究会翻訳）『国際政治――権力と平和』福村出版、1998 年。

場にある者と統治される立場にある者がいますが、統治される立場の者がデモやコミュニケーション、もしくは投票行動やNGO活動など様々な手段を使って、自国内外の政策決定者であるリーダーへ影響を与えています。新たな政策を採用させたり、実行されている政策を変えさせたり中止させることは、市民の能力あるいはシビック・ソサエティの能力と定義できます。市民やNGOsは、戦争を防止や中止させますが、エスカレートさせようとするかもしれません。米国において市民力は、人種差別を是正しベトナム戦争を終結させる大きな原動力となりました。日本における平和運動は、平和の尊さを国民や政治家の間に浸透・定着させるのに大きな力となってきました。このように市民や非国家機関など、統制される側が国や国々の政策決定に関して影響を与えることのできる能力を総合して、市民力と定義します。

これに対し国家権力は、プロパガンダや政治的神話あるいは立法や政策の実施によって、一般市民や他国民を説得し従属させ、統制し動員することもあります。多元的な民主理論によると、国家は野球のゲームの審判のように紛争解決における中立な審判のように位置づけられますが、決してそのように行動するわけではありません。

以上のことを念頭に置きながら、本論に入っていきたいと思います。

2. 東アジアにおける平和構築

まず、東アジアにおける不協和音と対立の主要原因について考察します。一つ理論的に考えられるのは、国際社会には中央集権的世界政府がないことが挙げられます。日本のように国民国家内であれば、犯罪が起きた場合、警察が中心となって犯人を逮捕し、その後司法制度で裁くという社会秩序を保つシステムが確立・機能しています。ところが国際体系においては、無政府状態とまではいきませんが、権力闘争が当たり前であり、軍事力などの力によって様々な決定がなされています。たとえばロシア軍によるウクライナのクリミア地域併合や、日本による真珠湾攻撃、国際法廷での判決に反して中国が主張し続ける東シナ海の領有権問題などがその代表例です。

国際社会を構造的にみると冷戦時代は二極世界でした。その後アメリカのみがスーパー・パワーとして残り、一時、米国を頂点とする一極の世界構造になったかと思うと間もなく BRICS や EU が台頭し、経済面のみならず政治的、軍事的にも多極世界の構造に変換しつつあります。しかしながらこのように急激な変化を遂げているにもかかわらず、国際社会は平和を愛する市民を基盤とするグローバルなシビック・ソサエティ（Global Society）に移行せず、20世紀同様、国民国家を軸とする国家間の権力闘争の社会です。もちろん ISIS などのテロ組織やそれによって増大した多くの難民が、国家間社会や地域社会に大きなインパクトを与えるようになっているのも確かです。したがってこのような国際社会の状況と特徴を踏まえ、宗教団体であるキリスト教教会や NGOs などが、平和構築にどのような機能と影響を発揮することができるのかを考慮する必要があります。

　国家レベルでの関係をみてみると、統治国家あるいは国民国家という様々な国家体制間の関係は、Co-operation（協調）、Conflict（対立）、Competition（競争）という三つの「C」で規定されます。日本と韓国や日本と中国などの関係をみてみると、貿易や投資など多くの分野においては協調と競争、政治や外交などの分野においては対立と競争と協調、軍事や領土問題、そして新技術開発（たとえばスーパーコンピュータの開発）などになると対立や競争という傾向が強く、総合的にはそれぞれの要素が複雑に交じり合って東アジアの国際関係が進展しています。米国は東アジアに立地しませんが、ロシアとともに東アジアの秩序にさらに大きな影響を与えております。

　国際体系で大きな影響力のある国民国家は、決して単一共同体ではありません。さらに詳しく分析すると、様々な組織やリーダーなどミクロ・個人レベルでの分析が必要です。東アジア諸国は非常に個性の強いリーダーの下に統治されています。たとえば韓国の朴槿恵大統領は、慰安婦を含む日本の歴史認識問題などを理由に、安倍首相と国際会議で臨席しても微笑むことなく、ほとんど口を利かなかった時期もありました。非常に個性が強いように見えますが、彼女の育った境遇を理解すると納得できるかもしれません。父親は日本の植民地下で育ち、日本の学校、軍隊で教育をうけ、軍人になってからは朝鮮戦争で大活躍し昇進していきました。戦後の混沌とする韓国をま

とめ、どん底にあった経済を立ち上げ高度成長のシステムを構築し、北からの軍事的脅威に勇敢に戦ったリーダーでしたが、独裁的でそれを恨む部下によって暗殺されました。彼女の母親も、父親を狙った流れ弾が誤って当たり死亡しています。そのような過酷な運命を背負って成長した彼女は、どのような対日イメージや世界観あるいは人生観をもっているのでしょうか。東アジアの平和構築の可能性について考察するには、そのような個人的レベルでの分析も必要であると思います。

　また現代中国のリーダー習近平国家主席は、大の日本嫌いのような感じもしますが、以前来日した際、天皇にお会いしたいと強く希望しており、本当に反日なのかどうかはさらに分析をしてみないと断定できません。ただはっきり言えることは、中国共産党自体が反帝国主義・反日レジスタント勢力として設立され、同党は建国運動を展開してきたことです。その当初のミッションを考慮するならば、今日の日本が実際の敵国として引き続き認識されているのも当然です。特に自決・崩壊したヒトラー・ドイツ政権に比べると、敗戦したとはいえ連合軍による占領時代でも間接統治が採用されたため、日本の行政機構は戦前同様に占領中も戦後も連続して機能を続けました。このことから、中国や韓国の日本観は、戦前からの連続面が強いということは理解すべきでしょう。日本の視野から覗き込むと、協調より対立・競争を望む指導者たちに見えますが、日本は自国民を略奪し殺害し植民地化していった、アグレッシブな軍事大国であるというイメージが強く付きまとっているのです。

　マクロ的にその原因を見てみると、日本によるアジア侵略史とこれに対する戦後日本の対応の非徹底というものが大前提にあります。特に戦後における保守本流による政治と外交に関して言えば、東アジア諸国の人々は、慰安婦や謝罪など多くの問題は未解決であると強く認識しています。それに比べて、ドイツは戦後処理をうまく行っています。たとえば旧西ドイツのヴィリー・ブラント首相は、ヨーロッパにおける「東方外交」を展開しました。1970年にポーランドのユダヤ人ゲットーの跡地を訪れた際、土下座し献花したことがポーランド側を困惑させてしまったようで、政府の誰ひとりとしてこの件については一日彼に話しかけなかったと言っています。そしてこれ

には同行していた記者団も驚きフラッシュが炸裂したので、土下座による陳謝の映像は、世界中の人々の胸に焼き付いています。この行為に対し旧西ドイツの保守層は、大げさで「身売り外交」と非難しましたが、同首相は、土下座は計画的だったのではなく、ただ「立っているだけでは十分ではないとふっと感じたのだ」と説明しています[3]。このように公然と陳謝するのみならず、その後の歴史教育も賠償も徹底的に実施したため、ユダヤ人やその他被害にあった人々や国々が、ドイツに対して抗議する余地はありません。さらには戦後70年を経過した今でも、元ナチスの犯罪者を追及しています。このような徹底したドイツの戦後処理に対して、異議を唱える国は一つもありません。

これに対し日本政府は、村山首相が以前、すでに謝っているものがいるから謝罪は済んでいると主張しました。日本の代表である政治家や天皇が外遊した際には、旧日本人兵士の慰霊碑には真っ先に献花します。しかしその前にまず、日本の侵略によって犠牲になった現地の人たちの慰霊碑に献花する、あるいはまだ生きている方々に会って謝罪するといった行動が礼儀かと思います。ですが、そういうことはほとんどありません。「ほとんどない」と言ったのは、小泉首相が靖国参拝を行い強烈な批判を受けた際、急遽中国を訪問し現地人の慰霊碑を訪れ、亡くなった方々の霊を慰めたことがあるのです。また最近（2016年1月）、天皇がフィリピン訪問をされた際、現地人の慰霊碑に献花され、日本軍の犠牲となった人々と対話されたことは、新たな大きな一歩としてポジティブに評価すべきことです。このようなことが今後の日本外交の基調となることを願う次第です。

また日本の外交政策に関して言えば、今まで日米関係をあまりにも重視しすぎてきたため、中国をはじめ東アジアの隣国は、日本外交を分析するよりもアメリカ外交に焦点をあてれば、日本の出方がよくわかると考えています。たとえば、日本のことをあまり分析せずに無視しても、米国が日本に何を期待しているのかを分析すれば日本の出方がわかると、中国の高官は言っ

---

3) 高橋容子「ワルシャワでひざまずいたブラント」『ニュースダイジェスト』，2009.9.18 〈http : //www.newsdigest.de/newsde/column/jidai/2230-brandts-warschauer-kniefall.html〉（2016. 8. 2. Downloaded.）

ています。そのような日本の外交姿勢を米国従属外交と主張する学者もいますが、保守的なリーダーや研究家は、日本は米国の Junior Partner であると主張しています。

3. 東アジア各国の歴史教育の違いと市民間交流の不足

　歴史教育をみてみると、日本と他の東アジアの国の間で大きな違いがあります。たとえば中国の歴史教育では、教科書はアヘン戦争後の近現代中国を扱っており、この時期のほとんどで日本による植民地化や略奪の歴史を扱っています。これに対して日本の歴史教育では、先史から現在まで包括的に扱っており、日本のアジア侵略に関する記述は非常に限られているばかりか、戦前戦後の部分となると学校教育の現場で時間がなくなり、省略されることもしばしばです。このため、日本のアジア進出に関する歴史教育は、扱い方だけでなく内容や重厚さにもばらつきがあります。さらに日本での、アジア植民地化等の取り扱いに関して、東アジア各国から多くの不満が出ているのは、我々も周知するところです。彼らにとってこの体験は、日本のアジア進出ではなく侵略であり、日本国民およびリーダーは、日本の犯した犯罪と残虐な行動に関して、歴史の重みを十分理解せず国民を教育していないことになるのです。これが東アジア諸国の一致した評価です。
　さらに愛国教育を見てみますと、中国等は徹底してやっています。たとえば中国人の学生は、理工系であっても修士号をとるためには約1学期間、中国共産党の歴史を勉強しないと、専門の勉強ができないようになっています。中国共産党がなぜできたかというと、まず反帝国主義です。帝国主義の列国によって中国は無残に食いちぎられていくのですが、その列強の一つが日本です。前述したように中国共産党は、そのような反帝国主義、特に日本の侵略を食い止めるという反日レジスタンスというような目的で設立されました。中国共産党による一党独裁体制が続いておりますが、その根底には反日レジスタンスという歴史的構造とスタンスがあるのです。たとえば中国から日本に留学する前に、北京大学の日本研究科の学生や清華大学の学生は、

様々な特別教育を国の命令で受けます。日本軍に被害を受けた様々な史跡を回り、再度日本による中国侵害の歴史を学ばないと、中国を出国することは許されません。徹底した歴史教育は今日まで続いています。

　ここで少し、日本とアメリカやカナダの敵国人への対応の違いについて触れたいと思います。アメリカやカナダは真珠湾攻撃を受け、日系アメリカ人やカナダ人のほとんどが強制収容所に送られました。イタリア系あるいはドイツ系の方のほとんどは、スパイ行為などをしていなければ解放されましたが、日系人は戦後もしばらくは市民権を与えられないなど、法の下での平等はありませんでした。つまり日系人に対して大きな人権無視をしたわけです。そこでカナダでは、関西学院のOBであるゴードン門田氏らが、日系カナダ人全国協会を設立し名誉を挽回する運動を展開した結果、1980年代にようやくその主張が認められ、賠償が行われました。そしてカナダ政府は、二度と人権無視がないようにと、人種差別の撤廃を目指す基金も設立しました。米国も同じようなことをやっています。しかし日本では、強制連行という形で連れて来られた東アジアの人々に対する賠償は、全くなされていません。裁判に訴えられてはじめて、示談という形で賠償し解決した企業もなかにはありますが、これは例外です。多くの方々が日本に留まりましたが、そのほとんどは日本国籍も未だに与えられていないだけでなく、補償も受けていません。人権無視も甚だしいといえます。

　さらに、韓国・中国・北朝鮮についてマクロ分析をすると、それぞれの国内社会で大きな矛盾があります。たとえば、高度経済発展をしている中国の湾岸地域と内部との貧困の格差は拡大する一方です。様々な理由から、中国ではデモが1年に10万件前後あるようです。国内で50以上の民族をまとめるのも至難の業です。分裂・矛盾する国内をまとめるためには、外敵がいるとまとめやすくなりますが、旧侵略者である日本ほど内部矛盾を隠し、外に目を向けさせるために好都合な標的はありません。日本叩きは、東アジアのリーダーの立場を強化するための最高の手段の一つですが、逆に日本との協調や日本寄りの政策は彼らの命取りとなります。つまり東アジアのリーダーにとって、親日政策は百害あって一利なし、逆に反日政策のほうが、権力を強化するためには有利に機能するという国内政治的・歴史的構造が、東アジ

アにおける対日政策の基調形成に大きな影を落としているのです。

　これと別角度の市民レベル、ミクロ的に分析すると、東アジアの現状はどうなのでしょうか。まず日本による侵略の痕は根強く、多くの市民の間に焼き付いています。高齢化し少数となりつつあるものの、犠牲者あるいは彼らの影響を受けている多くの方々は至る所に健在です。私は1990年代にオーストラリアのメルボルンにあるモナシュ大学で日本研究を教えていたのですが、そこで初めてオーストラリア人の元兵士であった年配の学生から、日本のアジアあるいは太平洋地域における様々な残虐行為についての詳細を逆に学びました。最も驚いたのは、第二次世界大戦中オーストラリア軍の兵士たちは、日本の兵士たちの肉食の対象になったことです。このことに関しオーストラリア政府は、事情を知っていてもそれがあまりに非人間的な行為であったので、遺族には戦時中も戦後も報告しませんでした。また日本軍はオーストラリア空爆を二百数十回行いました。あの美しいシドニー湾にも日本の潜水艦が突然出没したのです。今や非常に親日的な同盟国オーストラリアへの侵略に関して、日本では教科書もマスコミもこのような真実を全然伝えていません。

　このことは、アジアの国々における日本侵略に関する史実とそのインパクトを、きちんと日本で教えていないのと同様です。私は21世紀に入ってから7年間、香港中文大学で日本研究を教えました。日本侵略史とその影響に関しては、中国や香港の多くの歴史博物館や市内の様々なところで目にするのですが、日本国内においては十分に教育されているとはいえません。親日的な香港で最も高級なペニンシュラホテルは、日本占領軍の最高司令部でした。私の香港の学生の多くは、祖父母に日本研究を専攻すると知らせると「なぜあんな野蛮な国の言葉や文化」について学ぶ必要があるのか疑問視されると言っています。香港の若者は、歴史の教科書や家庭内での会話あるいは歴史博物館などの展示を通して、日本の残虐行為で多くの中国人や連合国の人々が犠牲になった生々しい体験を肌で学んでいるのですが、それでも日本が大好きです。日本の若者や市民も同じように、日本が行った様々な残虐行為をよく理解したうえで、東アジアの言葉や文化を学び交流してほしいところです。現在、日本と他の東アジアの国民の間では、歴史的な史実に関す

る量や質に大きな違いがありすぎます。

　その理由はいくつかあると思いますが、日本の歴史の教科書の内容とともに、東アジア諸国と日本の交流に関する質や内容、量にまず問題があります。そしてこれを陰で支えている、文部科学省の教科書検定制度にも問題があります。併せて、日本の偏差を確かめてみたい、本当はどうだったのかと疑問視して、自主的に学習する日本人があまりに少ないのも問題です。日本での教育の仕方と非常に関係があると思うのですが、先生から教わると権威主義が非常に強すぎて、教科書に書いてあることは何でも正しいと思い込んでしまう。特に国立大学などでの受験勉強は、何でも丸暗記すれば良い点数が取れる仕組みとなっており、批判的精神を育もうとしない日本の教育システムとも関係していると思います。

　逆に日本人が東アジアなどに留学する場合、それらの国を理解するための準備教育を十分にしているかというと、決してそうではありません。たとえば中国へ行く前に、日本が中国でどうしたのかという歴史を正確に学ぶ必要がありますが、これは徹底していません。企業で派遣される場合でも、日本が中国でいつどうしたのかをよく理解する必要があります。戦前の日本の行動が原因で、日本からの留学生や子会社が交流イベントや祝賀会などを企画してはならない日が多く、年間約15日あります。特に、五四運動の5月4日、盧溝橋事件の7月7日、終戦記念日の8月15日、満州事変を起こした9月18日や南京大虐殺を行った12月13日などは要注意日だということを、日本の大学や会社は派遣する前にしっかり教育をしているのかというと、残念ながらそういうことはしていません。逆に日本に送られる中国の学生たちは、日本の影響を大きく受けて親日的になる可能性を抑えるために、そのような史実を学ぶ教育を受けて送り出されてきます。このように様々な要因が重なり合って史的理解に大いなる隔たりがあります。

　そして日本人は、韓国人あるいは中国人との個人的交流そのものが不足していると思います。これをスムーズに促進させ東アジアで平和構築を目指すには、日本人自身も他の東アジアの市民も、それぞれの社会や文化の特徴や相違点あるいは共通性などに関する理解が必要ですがこれも不足しています。日本人の日本理解にも限度があります。たとえば、統計上多くの日本人

は神道を信仰していると報告されていますが、日本の宗教の特異性をきちんと理解しているのでしょうか。たとえば、善悪を問わず人間は亡くなってしまうと神になるというような神道の思想は例外的です。東アジアの人々には決して理解できないでしょう。中国、マカオ、あるいは香港あたりの道教などの寺に行きますと、悪いことをした人は地獄に落とされ大変な生活を営んでいる絵がありますが、日本の神社に行ってもそのような地獄絵は全くありません。悪いことをすれば地獄にいくというのが世界の多くの宗教の教えなのですが、日本の神道は全然違います。我々も彼らも、それぞれの文化や宗教や社会の共通点と相違点に関して十分理解する必要があります。

　最近国民投票によってイギリスは EU から脱退を決定しましたが、それでも統合の進むヨーロッパと比較すると東アジアでは指導者あるいは市民レベルでの交流は非常に少ないといえます。たとえばイギリスやフランスの学校の場合、フランスでは英語を勉強し、イギリスではフランス語を勉強し、休みにはホームスティを含む交流や数週間から 1 年ほどの交換留学を活発に実施しています。しかし日本と韓国や中国の公立学校間では、このような交流は一般化していません。かめのり財団などいくつかの財団や地方公共団体の一部が定期的に中学生・高校生・大学生の交流などを支援していますが、さらに国全体に広げる必要があります。

4. 日本の軍事力と憲法九条

　ところで東アジア諸国には、様々な対日本のイメージがあると思います。一つは、人類史上初めて、非西欧国として経済発展と高度経済成長を成し遂げた国というイメージですが、不平等条約の締結でわかるように、鎖国から開国した日本は欧米の国々から対等な国だと見なされませんでした。それを対等であると認識させるために必要だったのが軍事力であり、中国そしてロシアという大国に戦勝して初めて、欧米の国々と日本がイコールであると認めてもらえたのです。西欧同様帝国主義の攻撃的な国というイメージもあります。また非西欧社会で初めて民主主義を確立した国という見方もありま

す。技術大国であり、ごみの少ないクリーンな国などなどいろいろな印象もあるでしょう。そのため日本は発展モデルとして様々な領域で大きなインパクトを与えていると思います。

同時に、日本は人類史上初めての被爆国であるというイメージもあるでしょう。長崎、広島のみならず、1954年にビキニ諸島の近くで第五福竜丸という漁船が被ばくしたことも合わせると3回になります。東アジアから見ると、侵略というすごい犯罪歴があるにもかかわらず、反省が少ない国。あるいは戦犯を神格化し、それを崇拝する国というイメージも強いでしょう。また戦後直後の日本は低開発国、発展途上国で、ODAの受益国でした。新幹線は、東京オリンピックを目指し、世界銀行の開発援助でもって建設されました。開発援助の受益国であったのが、その後最大のODAを提供する国に成長したのです。民主主義のモデルである米国は戦後も長い間戦争に従事していますが、世界初の平和憲法を取り入れた国でもある日本は、一度も対戦していません。政治力、経済力は比較的低下しているのですが、ソフトパワーはさらに伸びているような感じがします。日本は地政学的には非常に小さな国ですが、人口からみるとそれほど小さな国ではないといえます。21世紀の初めまで日本の経済力は中国よりも大きく、経済大国でもありました。非西欧国としてはノーベル賞の受賞者数が多く、新幹線の技術やLEDも含めてハイテク国というイメージがあります。

こういうなかで、先ほどの軍事力、平和力などについて考えてみます。まず日本の軍事力です。自衛隊が軍隊ではないと思っている国はないと思います。しかし日本人の中には、自衛隊は軍隊ではないと信じている方もないわけではありません。世界の軍事費のシェアをみてみると、アメリカが半分強、中国、サウジアラビア、ロシア、イギリス、フランス、そして日本ということで、どの世界の調査機関も日本の軍事力を世界のトップ10位以内に位置づけています。非核三原則というのは一応、「核を持たず、作らず、持ち込ませず」ですが、実際には米国との防衛協定により核の傘下に入っています。平和条項があるために、戦争を始めたりはできず、軍事力の使用にも制約があります。また軍事費から「おもいやり予算」などという名目で、アメリカ軍の滞在費用が拠出されています。日本の自衛官の給料などにもかな

り支払われており、実際の軍事費や本当の軍事力はランキングよりも下位になると思います。

さらに長期的に見てみると、日本の軍事費は低下していくでしょう。今までGNPの1％前後を軍事費として予算化していますが、長期的にみて日本経済は人口とともに減少していくと思われます。防衛費として1％を捻出してもどんどん縮小していくので、日本の軍事力は低くなる可能性大です。

これに対して増大していくことができるのは、日本の平和力、平和建設力であると思います。しかし世界情勢を見てみると、目的を達成するために平和より戦争を望む国は多く、そのような国に対処するには、どうしても日本にも軍隊が必要だと思います。

日本の平和力の源は、憲法九条です。マッカーサーの回顧録によると、九条は幣原喜重郎首相の提言に基づくものです。1946年の1月、幣原首相がひどい風邪に悩まされた時、マッカーサーはアメリカで開発された新薬ペニシリンを届けました。幣原喜重郎がそのお礼で総司令部に立ち寄った帰り際の話です。何かを躊躇しているような幣原首相は、マッカーサーに「何か言いたいことがあるなら何でも言いなさい」と促されると、「日本は戦争に負け経済的にも余裕がない。今後、軍人が主導権を取らないよう新たな憲法を作成するならば、このような条項をいれて欲しい」などとお願いしたとマッカーサー回顧録には書いてあります[4]。日本の側にそのような証拠があるのか調べてみましたが、幣原喜重郎が書いた『外交五十年』の最後に、日本を訪れる外国人から「日本国憲法は押し付けられたのですか」などと聞かれますが、私からみたらそんなことは絶対にないと断言できると言っています[5]。日本国憲法の第九条は平和条項として多くの人たちに訴える力があります。つまり日本のソフトパワーの最大の根源になる可能性があるのです。

日本の市民力をみると、政治的無関心が非常に広まっており、特に若者の間では大きな問題になっています。平穏な時代が続いているためでしょう

4） ダグラス・マッカーサー（津島一夫訳）『マッカーサー回想記・下』朝日新聞社、1964年。
5） 詳細は拙著「押し付けられた憲法の政治神話」進藤栄一・水戸考道共編著『戦後日本政治と平和外交』法律文化社、2007年、15-32頁を参照のこと。

が、1960年代の全共闘や反ベトナム戦争運動などを見てみると、場合によっては、日本の市民力はかなり大きいといえます。しかし、批判的な精神を育む教育が徹底していないこと、また市民が本当に心から支持できる政党やリーダーが見つからないことで団結に欠け、現代日本の市民力は非常に脆弱ではないかと思います。

5. 靖国参拝と憲法九条改正

　ではこのような角度から、東アジア諸国と日本の関係に大きな影響を与える二つの問題について考えてみたいと思います。まず韓国や中国は、日本のリーダーによる靖国神社への参拝が行われるたびに、対日態度を硬化させています。他にも2015年11月23日には同神社で爆発音があり、その後、韓国人の容疑者が周到に計画し犯行を行ったことが判明しました。なぜ靖国参拝が問題になるのか、靖国神社が韓国市民のターゲットになるのか。ご存じのようにその本質は宗教問題ではなく政治問題です。東アジア諸国の日本侵略を指導したA級戦犯が祭られているため、中国、韓国あるいは北朝鮮は、日本のリーダーが靖国を参拝するたびに鋭い批判をします。これに対し日本の多くの政治家は、いま祭られている戦犯は日本の国内法では犯罪者でないと反論しています。

　靖国参拝問題には非常に様々な局面があります。たとえば日本の首相や国会議員などによる参拝は、憲法で謳われている政教分離に反します。公職者は、靖国のように強烈な政治的役割を担った宗教関係の機関へ行くべきではないと思いますが、憲法上では個人の信仰の自由も保障されており、こちらに則ると許される行為です。このように憲法上で保障されている自由に対して批判することは人権問題にもなりかねず、他の国の政治に関する内政干渉問題ともいえるでしょう。

　したがって、日本のリーダーである限りは行くべきでなく、もし参拝するならば、個人の行為として行うべきです。しかしたとえば、小泉首相は個人として参拝したと報告しているにもかかわらず、神社では総理大臣という身

分も記帳しています。そうなると、やはり個人として行ったことにはならないといえますが、平和を祈願するために参拝することのどこが悪いのかと反論しています。

　もしドイツのリーダーがヒトラーの墓参りに行き、これは絶対に戦争を起こさないと誓うためであり、世界平和の祈りを捧げるための参拝だ、と言明したならば受け入れられるでしょうか。なんら文句を言われる筋合いはないと言ったとしても、ドイツによる占領もしくは被害を受けた国々は、絶対に許せず受け入れることはないでしょう。しかしながら、ドイツのリーダーはヒトラーの墓を絶対に参拝しないと思います。

　ではなぜ、日本のリーダーは靖国参拝をする必要があるのでしょうか。それは国内の保守票を取るためであって、日本の軍国主義により被害を被った人々のために祈りを捧げ、二度と同じ過ちを犯さないと誓うことがプライアリティでないのは明白です。

　靖国参拝問題の解決策は明確だと思います。日本の侵略による多くの犠牲者も含めて、戦争や最近の災害復興などで犠牲となった霊を祭る、国費による公営墓地を建設すれば解決できるのではないでしょうか。そうすれば、軍事費や防衛費を拡大せずに、東アジア諸国の和平の道をさらに固めることができると思います。靖国参拝をすることにより、日韓関係、日中関係、あるいは東アジア諸国との関係が悪化することはほぼ確実と思われますが、もし国営墓地を作り、戦犯などが祭られていなければ、そのような可能性は全くないと思います。靖国参拝問題は、日本の軍国主義による被害者への配慮を欠いています。日本の多くの指導者が参拝を当たり前だと考えていますが、彼らは想像力も分析力も理解力も欠いていると思います。日本の軍事力や防衛力を高め平和建設力を強化するためにも、国立の墓地か公営戦没者慰霊陵などを建設したほうが、効果があるでしょう。

　次は平和条項改定、あるいは改正問題についてです。先に述べたように、日本は3回も被爆体験をしています。日本人以上に平和の尊さを身に染みて知っている国民はいないため、世界に知らしめることが日本の償いであり使命であると思います。幣原首相の提案で現憲法に取り入れられたこの平和条項は、アメリカや連合軍に強制されたものではなく日本独自なもので、日本

がイニシアティブをとって作った条項です。これを日本人はプライドをもって世界に広めるべきだと思います。今の安倍首相、もしくは保守主流が言う日本の「正常化」とは、日本を他国と同じように戦争ができる one of many にするようなことです。その結果、アメリカの世界戦略に組み込まれてしまう可能性が大きくなり、日本人の犠牲をさらに拡大し、従属外交を促すことになるのではないでしょうか。今の保守党の意図としては、憲法を改正し日本が軍隊をもてば、日本人もプライドをもって日本の独立をもっと高めることができる、と大きな誤解をしています。現実的には日本はさらに自律性を失い、米国の言いなりにならざるをえなくなる可能性が高くなります。したがって、この憲法九条を維持しながら日本の平和建設力を増強させることが、日本の使命、そしてプライド、また世界における日本のリーダーシップを高める一つの大きな道だと思っています。

6. これからの日本、そして大学の役割

　ついては、自衛隊が憲法九条違反であることは明白ですので、廃止を提案します。改憲により戦争のできる国にすると、東アジア諸国との関係はさらに悪化するうえ、対処するためとしてさらに日米関係の強化を必要としています。オバマ大統領は軍事協力のみならず、日本と韓国を仲介してくれました。軍隊をもつ日本は、今まで以上に米国への依存が大きくなる可能性があります。

　軍事力、軍隊をもたない日本は防衛ができるかというと、全然できないと思います。では、どうすれば日本の防衛が可能なのでしょうか。様々な方法が考えられますが、私としては、日本を本部とする国連平和建設軍、UN Peace Building Forces を創立するよう提唱し、その総司令部と基地として、自衛隊の基地と自衛隊員を提供すべきであると思います。ということは、日本自体、日本の国としての軍隊はもたないということになります。この国際平和建設活動で、オーストラリアやニュージーランドなど多くの国々を勧誘し、そのすべての国が平和条項を取り入れ、現存する軍隊を国連平和建設軍

に提供したうえで、GNP の 1％ を共同防衛費として拠出するというような提案をすれば、日本は世界における平和建設のリーダーとして、指導力と影響力を増大させることができます。このような政策に対して、東アジア諸国も含め反対する国はないのではないかと思います。そうすることで日本は、平和大国として人類の発展に貢献できるでしょう[6]。

しかしながら、今の日本のリーダー、韓国や北朝鮮、そして中国のリーダーは、本当に平和を構築したいという気持ちが強くないのでしょうか。ヨーロッパにおいては何百年もの間戦争を続け、最後に第一次、第二次世界大戦をも経験し、多くの市民が犠牲となったことから、もう戦争は嫌だという風潮が非常に強くなって欧州共同体を設立しました。戦後のヨーロッパでは、鉄鋼や石炭のようなエネルギーや資源関連を、現実的に相互で譲り合う策として始まりましたが、その背景には、戦争を嫌悪する気持ちが強く、協力して何か新しい世界を作りたいという強い気持ちがあったのです。しかし残念ながら今の東アジアを見ると、リーダーの間にそのような強い気持ちは全くないようにみえます[7]。

では、そういったリーダーを選んでいる我々市民には何ができるのかといえば、まずは市民力と国際連帯の向上ではないでしょうか。そのためには、キリスト教団体や仏教団体、その他様々な宗教団体、あるいはロータリー財団や赤十字、そしてより多くの自治体や学校間あるいは企業においては、市民同士の理解や交流を促進する必要があると思います。つまり国家を超えて、市民あるいは非国家行為体による交流と理解の拡大が必要といえるでしょう。

さてそういう中、大学は何ができるのでしょうか。今 EU の多くの大学においては、在学中の半年間に海外で勉強しなければいけない、というようなエラスムス交流計画が発展しており、その一環として多くの学生が日本にも留学しています。このような交流を東アジア地域内でも普遍化し、地域内の

---

6) 詳しくは拙稿「21 世紀平和大国日本への道――改憲論を超えて」同上、169-186 頁参照のこと。
7) アジアにおける協力体制設立の可能性については Saadia M. Pekkanen ed., *Asian Designs : Governance in the Contemporary World Order*, Carnell University Press 2016 を参照のこと。

学生は卒業条件として、少なくとも一度は東アジアの大学に留学しなければならないというのはどうでしょうか。相互交流体験学習を EU 内の大学同様、東アジアの大学間で必修とするのです。

　私は現在、構想責任者として、カナダの 3 大学と関西学院大学が 2011 年度に共同設立したクロス・カルチュラル・カレッジという教育プログラムの運営に従事していますが、核となる授業においては、カナダから派遣される学生と関西学院大学の学生がほぼ同数、同じ寮やホテルの部屋をシェアしたりしながら寝食を共にし、問題解決型の学習をしています。そのようなクロス・カルチュラル・カレッジの東アジア版をつくるのも良い方法でしょう。また私立・公立を問わず、小中高で韓国語あるいは中国語を必修として教える。もしくは向こうで日本語を提供している学校との交流を深めるなど、様々な形で相互交流と理解を促進できると思います。

　それから、憲法九条、平和条項のグローバル化です。併せて国内においては、自衛隊の海外派遣に関する一連の法を廃止させる運動など、様々な分野において市民の力を結集することが大切です。そういう意味で、この研究プロジェクトで行っている国家の枠組みを超えた様々なレベルと角度からの東アジアにおける平和構築問題の分析とそれに基づく課題の検討は、非常に重要であるといえるでしょう。

第8章

東アジアの平和と憲法九条・キリスト教非暴力思想の可能性

山本　俊正
(関西学院大学商学部教授、宗教主事)

はじめに

　英国を代表する日本政治の研究者である、アーサー・ストックウィン、オックスフォード大学名誉教授は、戦後日本の民主主義の独特な特徴について、以下の三つを挙げている。「一つは保守勢力による一党支配の時代が長く続いたこと。もう一つは、官僚制が非常に強い影響力をもっていたこと。最後の特徴は、「軽武装路線」、憲法九条により軍事力とその使用が制約されたこと」[1]。

　日本政府は、2015年5月14日、集団的自衛権の行使を容認する閣議決定を行った。集団的自衛権とは、「自国と密接な関係にある外国に対する武力攻撃を、自国が直接攻撃されていないにもかかわらず、実力をもって阻止すること」と定義されている。保守勢力による一党支配の時代においても、憲法九条により、その行使が認められないという政府解釈を覆す決定であった。さらに、2015年9月17日には、与党自民党・公明党、他3党が参議院特別委員会において安保関連法案を可決、19日に本会議において可決・成立させた。「安保法制」に関しては、中国の脅威に対抗する抑止効果をもち、

---

1)「揺れ動く民主主義」(朝日新聞朝刊オピニオン、2014年8月21日)。

日本の安全と平和に寄与するという賛成論がある一方、国際紛争の解決手段としての武力行使を永久に放棄した憲法九条の平和主義を180度転換するとの反対論が根強くあり、国論を二分した。特に反対の立場からは、最高裁の元長官・判事や、歴代の内閣法制局長官、そして与党自身が国会に招いた学者を含む圧倒的多数の憲法学者が「違憲」の判断を示し、近代国家システムの根幹たる立憲主義および平和主義を否定する行為であることが表明された。

　本章で取り上げる日本国憲法九条とキリスト教思想は、全く関係がないように見える。しかしキリスト教思想の源流を遡ると、国家の戦争を擁護した「正戦論」がある一方、非暴力主義の水脈が地下水のように流れていることに気づかされる。2011年に発売されてベストセラーとなった『ふしぎなキリスト教』(橋爪大三郎・大澤真幸　共著、講談社) の後書きには以下のような記述がある。「なぜ、日本人は、キリスト教を知らないといけないのか。キリスト教を理解すると、どういういいことがあるのか。それは、こんな感じだ。昔むかし、あるところに、7人家族が暮らしていました。「戦後日本」と、表札が出ていました。家族は両親と、5人のきょうだい。「日本国憲法」「民主主義」「市場経済」「科学技術」「文化芸術」という名の、いい子たちでした。でもある日、5人とも、養子だったことがわかります。「キリスト教」という、よその家から貰われて来たのです。そうか、どうりで。ときどき、自分でもおかしいなと思うことがあったんだ。そこできょうだいは相談して、「キリスト教」家を訪問することにしました。本当の親に会って、自分たちがどうやって生まれたか、育てられたか、教えてもらおう。忘れてしまった自分たちのルーツがわかったら、もっとしっかりできるような気がする……。」

　本章では、最初に東アジアの安全保障環境の変化と抑止論の現実を概観し、戦後70年、日本の「軽武装路線」を牽引してきた憲法九条の非暴力思想を東アジアの平和構築の文脈から歴史的に振り返る。また、憲法九条の果たした役割と存在意義を概観する。次に、国際政治における「抑止論」的発想による現実主義を乗り越える立場として認知されている宗教的パシフィズムの伝統、とりわけキリスト教の非暴力主義に基づく絶対平和主義の歴史と

実践を考察する。特に、16世紀の宗教改革以降に誕生した、プロテスタント教会、「再洗礼派」の非暴力思想と日本の事例を紹介する。最後に、聖書的な非暴力のビジョンを含め、憲法九条とキリスト教非暴力思想との近似性と可能性を検討する。

1. 東アジアの安全保障環境と抑止論の現実

　安倍政権は国会答弁の中で、「安保法制」の必要性の理由として、「日本を取り巻く安全保障環境の変化」と「抑止効果」を挙げている。日本を取り巻く東アジアという地域は、一方で、21世紀に入ってから、世界で最も高い経済成長を達成した地域である。域内の経済は相互に強く結びついており、近隣、東北アジアでは、お互いをかけがえのない経済のパートナーとしている。しかし、他方では、近代以来の歴史的経緯から深刻な分断が続き、冷戦状況が残る中、相互信頼は非常に弱い。朝鮮民主主義人民共和国（以降、北朝鮮）と日本の国交は正常化されておらず、南北朝鮮の統一は進展していない。6者協議も2008年の12月を最後に開催されていない。北朝鮮と米国の対立も東北アジアに大きな負の影を落としている。また、2015年中国と台湾の関係は歴史的な首脳会談が開催されているが、中国の南シナ海への進出による緊張関係が続いている。このような過去の歴史認識の相違に起因するお互いの対立感情は、各国のナショナリズムを刺激し、時として平和の構築を困難にする事象として眼前に噴出する。それは、領土問題としての竹島、尖閣諸島の問題であったり、排外的な差別主義に基づくヘイト・スピーチであったりする。同時にまた、1990年代から世界を席巻した新自由主義に基づく経済のグローバル化は、東アジアにおいても、そのマイナス面として、各国内における貧富の格差の拡大とその固定化をもたらしている。東アジアは、経済発展に伴う資源やエネルギー、食糧や水の確保という課題、地球規模の温暖化、大気汚染、原発事故による環境破壊など、新たな紛争の要因ともなりうる火種を抱えている。日本を取り巻く東アジアの安全保障は、国家の安全保障のみならず、人間、民衆の安全保障として議論されねばならな

い。安倍政権が指摘する「日本を取り巻く安全保障環境の変化」は、状況認識としては間違っていない。しかし、その処方箋として集団的自衛権行使容認を含めた「安保法制」に結びつけるのは、武力による安全保障を前提としており、これまで日本が平和憲法九条の非暴力理念に基づき、外交交渉、ソフトパワーによる反軍事的政策をとってきたこととは大きく異なる方向性を示している。

　ノルウェーの平和学者であるヨハン・ガルトゥングは、東アジアにおける「安保法制」の抑止効果について、以下のように述べている。「日本が米国とともに集団的自衛権を行使するようになれば、中国はさらに軍備を拡張するでしょう。その結果、東アジアはかつてない規模の軍拡競争が起きる。（中略）北東アジア共同体の創設を提案したい。メンバーは日本と中国、台湾、韓国、北朝鮮、ロシアの極東部。本部は地理的にも中心で、琉球王国時代に周辺国と交流の歴史をもつ沖縄に置いてはどうでしょう。モデルはEC（欧州共同体）です」[2] 確かに、安倍首相の指摘のように、戦後の安全保障論、平和論のなかで、もっとも国際政治の舞台で一般的に叫ばれたのが抑止理論であった。抑止理論とは、軍拡という言葉で表現されるように、相手が軍備を増大させれば、それに対応して、こちらも対応させる。そのことによって、相手を食い止め、押さえ込むという平和理論である。抑止論は、軍備によって平和を実現するということが発想の基本にあるため、「相手国は基本的に悪である」が前提となる。相手を信じない、性悪説である。80年代のレーガン大統領は、「ソ連は悪魔の体制」、ブッシュ大統領は、イラン、イラク、北朝鮮は「悪の枢軸国」と呼んだ。抑止論は、敵に勝る力をもつことによって抑止が可能となる安全保障論であるため、限りない軍拡競争となり、無限の悪循環をもたらす。抑止論の究極は国単位の「核抑止論」となる。これに対して、1989年の「ベルリンの壁」崩壊以降、ヨーロッパではEC（欧州共同体）がEU（欧州連合）に拡大発展し、経済統合の実現、共通の外交、共通の安全保障政策が進められている。ヨーロッパでは「国家の安全保障」から「共同体の安全保障」へと根本的な変化が起きている。前述したヨ

---

2)「積極的平和」の真意（朝日新聞朝刊インタビュー、2015年8月26日）。

ハン・ガルトゥングの「北東アジア共同体」創設の提案は、EU の安全保障政策を前提としている。具体的には、各国にある軍備の縮小、米軍基地の撤去、それに代わる地域協力の推進、共同体としての平和の枠組み作りが進行中である。冷戦の終わりとともに、アジアにおいてもエイペック（APEC）やアセアン（ASEAN）、アジア地域フォーラム、また近年はアセアン、プラス 3（中国、韓国、日本）などが形成されている[3]。しかし、これらの地域協力の枠組みは、経済協力を主な目的とした機構で、冷戦構造が依然として残っている東アジア地域では、多国間の地域的な枠組みは、現在は機能していない。前述した、北朝鮮をめぐっての 6 カ国協議があるものの、長期にわたって中断されており、機能していない。現存するのは、米国との軍事を中心とした 2 国間同盟で、日米、韓米の同盟が基本的枠組みとなっている。安全保障の問題は、東アジア地域の人々によって決定されるのではなく、アメリカの利益や戦略の問題として議論されている。東アジア地域を例にするならば、中国を除いて、日本を取り巻く安全保障環境の現実は、米国を中心軸とした 2 国間の軍事同盟ネットワークとなっている。この軍事同盟による平和の維持を現実とする東アジアの文脈において、非暴力思想を根幹とする憲法九条の存在意義がどこにあるのかを中心に、次に考察してみたい。

2. 東アジアの文脈における憲法九条の意義

　20 世紀は、東アジアにとって、侵略と戦争、植民地支配、民族解放戦争と争いの世紀であった。そして 20 世紀の前半において、朝鮮、中国、東南アジアに侵略したのは、他ならぬ大日本帝国であった。日本を取り巻く周辺諸国より、一足早く近代化を遂げた日本は、強大な軍を率い、暴力によって地域に覇権を拡大した。20 世紀の前半、東アジアで起きた戦争を列挙してみると、日清戦争、米西戦争、日露戦争、第一次大戦、シベリア出兵、山東

---

3) 地域共同体との関係で、姜尚中は『東アジアの危機』（集英社新書、2014 年 7 月）の中で、アセアン（ASEAN）と同様に、東北アジアの国々（日本・韓国・北朝鮮・中国など）によるアネアン（ANEAN）の創設を提案している。

出兵、満州事変、日中戦争、第二次大戦（2000万人が死亡）と、その大多数は、日本が単独で起こした戦争であった。日本が、もし存在しなければ、東アジアは大変平和な地域であった可能性が高い。被害者であったアジアの人たちは、このことを容易に忘れることはない。日本がアジアの中で、70年近くもの間、戦争をせずに、他国を攻撃することもなかったという事実は、近代史の中でも珍しいことであった。戦争と暴力の時代であった20世紀は、同時に人類がそれを克服し、平和を作り出そうと苦闘した、理想と希望の時代でもあった。1928年には不戦条約が結ばれ、奴隷制や拷問や性差別や植民地支配などと同様、戦争も違法なものにしようとする試みと挑戦が続いた。集団安全保障の仕組みとして、国際連盟や国際連合が組織され、第二次世界大戦末に生まれた国際連合憲章（1945年）では、武力による威嚇、武力の行使と慎まなければならない（第2条第4項）ことになった。ヨーロッパでは、再び悲惨な戦争を起こさないために、前述のヨーロッパ共同体（ヨーロッパ連合）が組織された。独裁制に対する民主化運動が世界各地で起こり、反戦平和運動が国境を超えて広がり、民主主義が進展した。この人類の理想と希望の流れの中に、1946年に生まれた日本国憲法、とりわけ非戦と戦力の不保持を規定した第九条は位置づけられる。日本国憲法第九条は、第1項で「国権の発動たる戦争と、武力による威嚇又は武力の行使は、国際紛争を解決する手段としては、永久にこれを放棄する」とした。この部分までは同様な文言が国連憲章、他の国々の憲法などに書かれている。日本国憲法がそれを超え、より理想に向けて進もうとしたのは、第2項に「前項の目的を達するため、陸海空軍その他の戦力は、これを保持しない。国の交戦権は、これを認めない」としているところである。個人による非暴力主義の表明は比較的容易かもしれないが、個人を超えて、国家が非暴力の理想を宣言した条項として画期的である。敗戦以前、日本は東アジアを侵略し、戦火に巻き込み、多くの人々を殺戮し、財産を略奪した。一方、ヒロシマ、ナガサキへの原爆投下や沖縄戦、日本中の都市を焼きつくした空襲などによって、日本自身にも耐えがたい犠牲が出た。二度と戦争をしたくない、起こしたくない、巻き込まれたくない、というのが、1945年以降の日本人の心からの願いであり、祈りであった。憲法制定直後、文部省は『あたらしい憲法

のはなし』という教科書を作った。そこには「こんどの憲法では、日本の國が、けっして二度と戦争をしないように、二つのことをきめました。その一つは、兵隊も軍艦も飛行機も、およそ戦争をするためのものは、いっさいもたないということです。…しかしみなさんは、けっして心ぼそく思うことはありません。日本は正しいことを、ほかの國よりさきに行ったのです。世の中に、正しいことぐらい強いものはありません。」と書かれている[4]。

　戦後日本は、この平和憲法をもち、九条を保持することによって平和の歩みを誓うことが出発点になった。これは同時に、アジアの国々が、日本を脅威に感ずることなく、歩み始める根拠となっていたともいえる。戦後平和憲法をもち、九条を守り、平和の歩みを誓った日本において、歴代の首相が靖国神社を参拝し、自衛隊を海外に派兵し、憲法を変えようとする動きに対して、東アジアの国々から違和感をもって受け止められていることが、その都度報道されている。日本では歴史認識の問題として、賛否両論が議論され、内政干渉であるという意見も聞こえてくる。しかし、方向転換したはずの戦後の日本の歩みに逆行していると、東アジアの国々からの批判の声が止むことはない。今回の「安保法制」による集団的自衛権の容認決定の場合も、東アジアの人々の歴史認識から見ると、70年前の恐ろしい日本に逆戻りするのではないかと、心配や危惧が表明されている。これまで、米国との軍事同盟の傘の下で日本が他国からの侵略を受けずに済んだという「自衛」の抑止論が有効であるとしても、日本の「軍事化」の危険性と「加害」の潜在的可能性を保護してきたのは、「憲法九条」であった。東アジアの人々が平和に暮らそうとするとき、「平和の共同体を築こう」とするとき、実は、日本の憲法九条が大切な役割を果たしてきた。戦後、「悔い改め」の証しとして誕生した平和憲法は、過去に被害を受けたアジアの人々にとって、日本が二度と「戦争をする国」にならないための、大きな歯止めであった。「九条」はアジアの人々にとって、自分の平和と命を保障してくれる、「生命保険」ともいえる。米国カリフォルニア大学バークレー校で教えていたチャルマー・ジョンソン教授は、ドキュメンタリー映画「日本平和憲法」のインタビュー

4）『あたらしい憲法のはなし』は1947年8月2日発行。著作・発行者は文部省。中学1年生用の社会科の教材。350万部が配布され、200万部増刷された。

の中で、日本の平和憲法、特に九条は、第二次世界大戦で日本の軍国主義に踏みにじられたアジアの人々への謝罪である、と述べている。憲法九条は、日本が戦争をしない歯止めであるだけでなく、非暴力型の安全保障の枠組みとして、東アジアの人々と共有できる平和構築の指針として積極的な意義がある。改憲という手続きを踏むことなく、現実主義という便宜を優先させ、国家政策の一つである「抑止論」に基づく、集団的自衛権の行使を容認し、九条を空洞化することは、日本の戦後の立憲主義、民主主義、平和主義を崩壊させることとなる。また東アジアの文脈から見ると、周辺国との緊張関係を高め、日本が再び東アジアの軍事的脅威となることが予見されるであろう。次に、このような「抑止論」的発想による現実主義を乗り越える立場として認知されている宗教的パシフィズムの伝統、とりわけキリスト教の非暴力主義に基づく絶対平和主義の歴史と実践について考察してみたい。

3. 宗教的パシフィズムとキリスト教の非暴力主義

　国際政治における現実主義としての「抑止論」的発想を乗り越える立場として、平和学の分野でも認知されているのが、宗教的パシフィズムと呼ばれる伝統および実践である。宗教的パシフィズムの基本は軍備、武器によって、平和が構築されるという自己矛盾を批判し、武力や暴力装置によって平和を実現することはできないとする。宗教的パシフィズムは、「平和を尊重する」「平和を愛好する」という意味での平和主義ではない。ありとあらゆる暴力、戦争を否定するという宗教的な立場をとる。自分が殺されても、殺す側の立場には立たないことを信条とする。平和を実現するための手段としての戦争や暴力を徹底的に放棄することを出発点とする。ゆえに社会変革、正義の実現のための武力闘争や暴力革命の思想を否定する。宗教的パシフィズムとして、キリスト教の非暴力主義に基づく絶対平和主義の伝統がある。この伝統は、キリスト教がローマ帝国の国教になる以前から、古代教会において、非暴力思想の実践として兵役拒否の強い伝統を生み出していた。教会史家アードルフ・フォン・ハルナックは、初代キリスト者の兵役拒否の理由

として次のように述べている。「兵役は戦闘にたずさわる職業であり、戦争と流血はキリスト者にとって否定されねばならなかった」「あなたは殺してはならない」という戒めと愛敵を説く福音は、神の似像たる人間に対する尊厳が重視された。さらに初代のキリスト者にとっては、兵士が行う無条件的な国家への誓約は、神に対する絶対的服従の義務に相反していた。「だれも、2人の主人に兼ね仕えることはできない」という山上の説教は、皇帝への絶対的な拘束を禁じたのである。またキリスト者は、真の国籍を天にもつ者として、来たるべき神の国を待望しつつ生きていたため、国家への忠誠は副次的であり稀薄であった[5]。しかし、非暴力主義の伝統はキリスト教史を通して一直線に貫徹されたわけではなかった。特に、ミラノ勅令以降、ローマ帝国の国教となったキリスト教は、帝国の戦争を正当化する装置として機能し、神学者であるアウグスチヌスによって正戦論が唱えられた。キリスト教の非暴力主義の伝統は、国家と一体化した大教会自身の手によっても強制的に抑圧もされた。このような歴史の中で、非暴力主義に基づき戦争と兵役とを批判する伝統を打ち立ててきたのは、宗教改革以降誕生した小さなプロテスタント、キリスト教派、セクトであった。彼らは絶対的に暴力を否定する。たとえ戦場に連れてゆかれても自分たちは暴力で立ち向かわない。そういう主義を打ち立てたグループがいくつか生まれた。宗教戦争の荒れ狂った16・17世紀に登場した、再洗礼派、クゥエカー派などが、その代表である。再洗礼派は、その当初から、幼児洗礼を否定する彼らの主張が、教会の全体的統一を乱すという理由で迫害を受けていた。しかし、再洗礼派に対する政治的弾圧は、洗礼論そのものよりも、彼らのもう一つの信条である非暴力主義と兵役拒否にあったことが明らかにされている。近年の研究によれば、再洗礼派たちが、当時、非難・攻撃されたように暴動を意図する反逆者たちではなく、むしろ、その思想の中核において平和主義者であり、しかも、徹底した真剣な戦争と兵役との拒否に立つ人たちだったことが立証されている。たとえば、そのリーダーの1人フェリクス・マンツは審問の場にあって、「いかなるキリスト者も剣で闘わない」こと、「剣をもって何びとをも裁いた

---

5) 宮田光雄『平和思想史研究』創文社、2006年。

り、殺したり、罰したりしない」ことを証言している[6]。

　再洗礼派の非暴力主義の伝統は聖書に深く根ざしている。特に、新約聖書マタイによる福音書に書かれている「山上の説教」に根拠をもっている。たとえば、「だれかがあなたの右の頬を打つなら、左の頬をも向けなさい」（マタイ5：39）という教えや、「敵を愛し、自分を迫害する者のために祈りなさい」（マタイ5：44）という愛敵の思想、「平和を実現する人々は、幸いである、その人たちは神の子と呼ばれる」（マタイ5：9）などが引用される。そのほかにも、旧約聖書の中で「十戒」の一つとして神によって命じられた、「殺してはならない」（出エジプト20：13）、イエスが捕らえられたとき、剣で抵抗しようとする弟子たちを戒め、「剣を取る者は皆、剣で滅びる」（マタイ26：52）との警告などが、聖書的根拠とされている。確かに、イエスはその生涯を通して十字架の死にいたるまで、非暴力を貫き実践した。イエスがいかなる形の暴力にたいしても無縁であったことは明白である。次に、前述の非暴力主義を実践したキリスト教の再洗礼派、クゥエカー派、その他のグループの歴史的成立と主要な実践である良心的兵役拒否について概観してみたい。

4. 再洗礼派の系譜と良心的兵役拒否の実践事例

　再洗礼派の系譜で、現在も米国にその多くの教会が存在しているのがメノナイト（Mennonites）である。米国では、ブラザレン（Church of Brethren）と同様に「平和教会」と呼ばれている。メノナイトとは、オランダのメノ・シモンズというリーダーに率いられたピューリタンの一派をいう。メノナイトは「メノの仲間たち」を意味し、彼らは、いかなるときにも暴力を使わないという誓いを立てる。そのことによって、当時の宗教戦争に対しても、あるいは国家による正義の戦争に対しても、厳しく否定的な立場を取った。そのためにメノナイトは、ヨーロッパで迫害される。18世紀から19世紀後半にかけて米国などに逃れて小規模なグループをつくり、コミューンを中心に

---

[6] Ibid、宮田光雄。

第 8 章　東アジアの平和と憲法九条・キリスト教非暴力思想の可能性　　139

隠遁生活をするようになる。現在も米国の東部に多くのメノナイトの信仰共同体があり、教会を形成している。現実の世界から逃避してのコミューンに固執したことから、社会に及ぼす影響力は限定的であった。これに対して、より大きな影響力をもった一派が「クゥエカー（Quakers）」であった。創設者のジョージ・フォックスは、ピューリタンとして一番大切なのは、魂の内なる平和であると主張し、魂の内に神の光を感じ、神の平和を感じるスピリチュアリズムを大切にした。キリスト教徒にとって最もよき行いとは、教会の教えを守ることではなく、一人ひとりが自らの内なる平和を追求することであるとした。この教義の帰結として、いかなる場合も「暴力によって争ってはならない」ことを主張し、非暴力を信仰の中核とした。クゥエカーとは、英語の Quake、「霊感に震える者」という意味から来ている。クゥエカーは教会をもたず、集会所で集会をもつ。また、彼らは牧師の存在も否定し、牧師に神の言葉を仲介してもらうのではなく、一人ひとりが自分の内に神を見出すことを大切にした。共に集会に集う仲間を"フレンド"と称した。このため、クゥエカーをフレンド派と呼ぶことがある。日本では、新渡戸稲造がクゥエカーで、彼の助言によって、米国のクゥエカー教徒たち（フレンド派）が 1887 年に普連土学園という私立学校を東京都港区に創設している。米国では、クゥエカーの影響の下、良心的兵役拒否（C. O＝Conscientious Objection）の制度が初めて設けられている。C. O では、宗教的信仰によって武器を取らない誓いを立てた人を徴兵することはせず、その代わり、徴兵期間と同期間、福祉やボランティアの業務に従事することが課せられている。米国では、南北戦争の時代から州の憲法に C. O の規定が記載されている。また、C. O の規定は、ドイツの基本法（日本の憲法に当たる）に盛り込まれ、兵役義務が廃止された 2011 年まで、C. O 該当者の若者がドイツ国内だけでなく、世界各地で、代替サービス（Alternative Service）として福祉施設、赤十字関係の業務などに従事していた[7]。もちろん、米国においても戦争が起きた後に、「私は戦争に反対なので前線には立ちたくない」と言っても、兵役拒否は認められなかった。C. O に該当するためには、クゥエカーやメノナイト教徒として非暴力主義の実績を示す証明書を提出しなけれ

7）稲垣真美『良心的兵役拒否の潮流』社会批評社、2002 年。

ばならない。その理由は、クゥエカーやメノナイト教徒が、前線に立っても役に立たないことが、歴史的に証明されているからに他ならなかった。鉄砲を撃てと命令されても上に向けて撃つだけであることが、経験的に知られていたからである[8]。

キリスト教徒のなかで非暴力主義に基づき宗教的なパシフィストとして重要な足跡を残したグループとして、ドゥホボール派（Doukhobors）と呼ばれるセクトがある。18世紀にロシアのバリコフ付近で誕生したグループで、ドゥホボールとは「霊のために戦う者」という意味のロシア語である。その初期の指導者は、農民出身のコシルアーン・コレースニコフと羊毛商人のイラリオン・ポビローヒンという2人の人物であった。彼らはロシア正教会の信者であったが、ロシアの農民一揆と反帝政運動のなかで、農民のためのキリスト教の普及に努めたことで知られている。彼らは、ロシアのカトリック教会の外面的な装い、十字架やイコンを否定し、神は普遍的な愛、永遠の善として選ばれた人の心のなかに宿るとした。彼らは、ロシア・カトリック教会に対して一種の宗教改革を行ったと考えられている。その教義は、メノナイトやクゥエカーに共通するスピリチュアリズムで、内なる魂の大切さが強調された。彼らは絶対平和を掲げ、ロシア皇帝のためにも、農民一揆においても武器は取らず、兵役も納税も拒否し、私有財産も認めなかった。ドゥホボール派は、ロシア政府より激しい弾圧を受け、19世紀前半にバリコフ近郊からシベリアに強制移住させられる。また1898年には、シベリアから7400人以上がカナダに移住した。現在もカナダに移住者の子孫が定住している。興味深いのは移住の前後に、作家のトルストイがドゥホボール派の思想に触れ、財政的支援をしたことである。トルストイは、彼の書いた『復活』というベストセラーの小説の印税をすべて、カナダに移住したドゥホボール派教徒に提供している。またトルストイが晩年に書いた『イワンの馬鹿』や『光あるうちに光の中を歩め』はスピリチュアリズムを中心とした小説として知られ、ドゥホボール派の影響とも言われている。トルストイの平和思想、平和主義は、トルストイをロシアに訪問した徳富蘆花やマハトマ・

8）西村裕美『子羊の戦い』未来社、1998年。

第 8 章　東アジアの平和と憲法九条・キリスト教非暴力思想の可能性　　141

ガンジーにも大きな影響を与えたことが知られている。ドゥホボール派の非暴力主義の思想は、トルストイを通して継承、発展したとも考えられる。

　日本におけるキリスト教非暴力主義の事例としては、「無教会派」が挙げられる。日本の大多数のプロテスタント教会は、19世紀に欧米からの宣教師によって輸入されたが、「無教会派」は日本で独自に誕生したプロテスタントの教派である。「無教会派」は教会を否定し、聖書集会や聖書研究をその活動の中心とした。「無教会派」を提唱した指導者の内村鑑三は、「無教会」を以下のように定義している。「無教会は教会の無い者の教会であります、即ち家の無い者の合宿所ともいうべきものであります、即ち心霊上の養育院か孤児院のようなものであります、無教会の無の字は「ナイ」と訓むべきものでありまして、「無にする」とか、「無視する」とか云う意味ではありません、……真性（ほんとう）の教会は実は無教会であります、天国には実は教会なるものはないのであります」[9]。内村によれば、イエス・キリストの活動も無教会であり、パウロの活動も無教会、旧約聖書に登場する預言者たちも無教会であった。また、内村は明治時代に日本に導入されたプロテスタント教会が、その中心を欧米本国に置いていたことに反発し、日本のキリスト教知識人としてのナショナリズムが働き、無教会を提唱したともいわれている。「無教会」を土着の日本のキリスト教と分類して説明されることもある[10]。

　内村鑑三が、ナショナリストであったことはよく知られている。内村は自分にとって大切なことは、二つの"J"であり、それは、"Jesus"（イエス）と"Japan"（日本）であると述べている。内村は同時に自らの信仰から、絶対的平和主義を主張し非戦論を唱えている。内村は日露戦争に際して、平和主義の立場から非戦論を展開し、最終的には「萬朝報」からも追放された。しかし、内村個人は、良心的兵役拒否の考え方には否定的であり、兵士が戦地で戦うことを否定することはなかった。無教会派を継承し、東京大学の総

---

[9] 内村鑑三「無教会」誌1号社説「無教会論」。『内村鑑三全集』第9巻、岩波書店、71-73頁。
[10] マーク・R・マリンズ『メイド・イン・ジャパンのキリスト教』トランスビュー出版、2005年。

長であった矢内原忠雄は、第二次世界大戦に際して非戦論を説き弾圧された。「無教会派」は日本における非戦論、平和主義の流れとして重要な役割を果たしたが、その影響力は知識人の間に限定されていた。

　近代日本において、同じキリスト教の系列で庶民の間に起きた良心的兵役拒否の事例としては、灯台社（現在、ものみの塔、エホバの証人）の事件がある。1939年6月21日、明石順三主宰のキリスト教団体「灯台社」において、兵役拒否により130人余りが検挙された事件である。発端は、軍隊内で、灯台社に属する、明石真人、村本一生、三浦忠治の3人が「私の銃をお返しします」と兵役を拒否したことによる。3人に軍法会議の判決の下った1週間後、警視庁および荻窪署の武装警官約50名が、荻窪の灯台社を包囲し急襲した。指導者の村本一生は、灯台社の信者に兵役拒否を説き、組織内では孤立を招いたが、「戦うなかれ」を説き続けたとされている。この灯台社事件は、戦時中の日本で兵役拒否によって検挙され投獄された、唯一の事件として知られている[11]。

　続いて、現代のキリスト教平和運動の国際的な実践として、クゥエーカーの流れから登場した国際友和会を取り上げ、その非暴力主義平和運動の国際的な広がりを紹介する。

5. 現代のキリスト教平和運動の国際的な実践

　国際友和会（FOR＝Fellowship of Reconciliation）の歴史は、第一次大戦が起きた1914年に遡る。戦争に突入した両側の国々のキリスト者の中で、戦争が不正でありイエス・キリストの精神に反することを確信し、有志が集まり、1919年に国際友和会が組織される。FORはキリスト教的非暴力運動として出発し、その目標としてエキュメニズム、社会的正義、国際的平和を追求しようとした。現在の規約第1条によるとその目的は「国際友和会は、正義を創り出しコミュニティを回復するために、愛と真実の力に確信をもち、

---

11) 稲垣真美『兵役を拒否した日本人』岩波新書、1972年。

個人的、社会的、経済的、政治的に、生活の仕方と変換の方法として積極的非暴力をつらぬく人々の国際的、かつ霊性にもとづく運動である」と規定されている[12]。FOR が戦争を否定することは、多くのメンバーを良心的兵役拒否の実践に導いた。特にイギリスとアメリカとにおいて、彼らは、第一次大戦中、その確信のゆえに投獄され、残虐な取り扱いをうけて死をすら招くことになった。第二次大戦中にヒトラー統治下において、多くのメンバーがその確信のゆえに投獄され、強制収容所に送り込まれ、指導的メンバーは処刑された。現在も、FOR は兵役義務を否定し、世界各国の同じ兵役に反対する他の組織と協力しながら、良心的兵役拒否者に必要な情報や助言を提供している。日本友和会では、軍事費支払拒否の運動が展開され、各国にあるFOR からも注目された。FOR は、既存秩序の擁護のためであれ、変革のためであれ、いっさいの組織化された暴力に対して反対し、非暴力の原理を貫くことを原則としている。FOR はキリスト教の平和・非暴力主義を基本的な信条としているが、組織の中には、ユダヤ教徒、ヒンズー教徒、仏教徒なども参加している。FOR は排他的なキリスト者だけの集りではなく、多様な国籍、人種、宗教、世界観の人々から構成されている。FOR は多くの国および国際機関、NGO の会議に出席し、非暴力による平和の実現に貢献している。

　最後に憲法九条の非暴力主義と旧約聖書に登場した預言者イザヤの非暴力へのビジョンを比較し、その近似性におけるキリスト者および宗教者の憲法九条に関連した取り組みを紹介する。

6. 憲法九条の可能性と預言者イザヤのビジョン

　日本国憲法の前文と九条は、「武力によらない平和の実現」と「非暴力主義」を目指すことを宣言している。前述したように「非暴力主義」の安全保障論は、国際政治の舞台では現実的ではなく、無力であると考えられること

---

12) 国際友和会ホームページ〈www.jca.apc.org/jfor/ifor.html〉

が多い。しかし、歴史的には九条が象徴する非暴力主義の考え方は世界的にも、大変注目されてきた。20世紀に入る前から、戦争をするときも最低限のルールが必要であることが国際的に認識されていた。戦争のルール作りのために各国の外務大臣が中心になり開催されたのが、ハーグ国際平和会議であった。第1回が1899年、第2回の開催が1907年である。この会議において、戦争をするときは、宣戦布告をすること、略奪を禁止するというルールに加えて、無防備都市を攻撃してはいけないという考え方が登場している。この無防備都市の攻撃禁止は後に、1977年のジュネーブ諸条約追加第一議定書に加えられ、無防備地域を宣言した都市、地域を攻撃してはならないことが国際条約で定められている。つまり、「私たちの町は、一切兵隊がおりません。軍事施設もありません。」と無防備であることを宣言した場合、国際条約によって、その町、地域を攻めてはいけないことが、決められている。2004年に日本はジュネーブ諸条約を批准しているため、無防備都市宣言をする自治体が日本にも存在している。東京の国立市では市長が先頭に立ち無防備都市平和条例制定の取り組みがなされた[13]。1999年に開催されたハーグ国際平和市民会議では、行動目標として、21世紀のアジェンダの第1位に、あらゆる国に日本の憲法九条を広めることが決議されている。九条で定める非暴力平和主義は人類が向かう方向を示しており、決して無力ではない。

　旧約聖書のイザヤ書2章4節には、「彼らは剣を打ち直して鋤とし、槍を打ち直して鎌とする。」という言葉がある。ニューヨークの国連本部前に、この句に基づいたモニュメントが置かれている。実は、旧約聖書のヨエル書4章10節には、全く逆の言葉が書かれている。そこには「鋤を剣に、鎌を槍に打ち直せ」とある。こちらのほうが、当時の現実に近かったといえる。まだ軍隊が常備されていなかった時代、敵が攻めてくると、一般の農民にこう呼びかけたのである。人々は農具を武器に作り変えて戦いに臨んだに違いない。イザヤ書では、この句を逆転させて、武器を捨てて平和を選び取る意志、「戦わない」意志を明確に示している。これは憲法九条ができたときの

---

13) 無防備地域宣言運動全国ネットワーク『無防備平和条例は可能だ』耕文社、2007年。

第 8 章　東アジアの平和と憲法九条・キリスト教非暴力思想の可能性

動機に、非常によく似ている。預言者イザヤが活躍した紀元前 8 世紀は、イスラエル民族の二つの王国のうち、北のイスラエル王国がアッシリアに攻め滅ぼされ、南のユダ王国も戦乱の悲惨に巻き込まれていた。国土は荒れ果て、人々は傷つき、滅亡はかろうじてまぬがれたものの、敗残の小国としてアッシリアの支配に屈したユダ王国は無力感と絶望とに打ちひしがれていた。この時に預言者イザヤは、いつの日か、このエルサレムを多くの国々が敬意をもって仰ぎ見ることになると告げた。しかしそれは、今はみじめな敗戦国だが、いつか力を回復し、強くなって他の国々に君臨するようになる、という復讐の宣言ではなかった。そうではなく、「国は国に向かって剣をあげず、もはや戦うことを学ばない」（イザヤ書 2：4）ようになり、その結果として、この国が世界に仰がれるようになると主張したのだった。敗戦国の目指す道は、再び力をつけて復讐をはかることにではなく、もはや戦いを捨て、「戦わない」意志を明確に示すことにあるはずだと述べたのだ。かつての日本も、まさしく「鋤を剣に、鎌を槍に」して、戦いに臨んだ。武器を作るために銅像や寺院の鐘までも金属資源として供出させられたことは、よく知られている。敗戦後に定められた日本国憲法は、もはや「戦わない」意志を明確に示したものであった。憲法九条はまさにイザヤの非暴力のビジョンに通底している。憲法九条は個人ではなく、国家が「非暴力宣言」をしたことで、東アジアを含めた世界の国々から敬意をもって迎えられた。

　日本の教会およびキリスト者が現在なすべきことの一つは、預言者イザヤのビジョンを再度受け継ぎ、平和憲法九条を継承することに努力することではないだろうか。日本のプロテスタント教会およびキリスト教主義団体で構成される日本キリスト教協議会（NCC）は、アジアの教会に呼びかけ、第 1 回「九条アジア宗教者会議」を 2007 年 11 月に、東京の在日大韓 YMCA で開催している。その後、韓国のキリスト者と宗教者の熱意と協力のもとに、第 2 回会議を 2009 年 12 月にソウルで、第 3 回会議を 2011 年 10 月に沖縄で開催した。第 4 回会議は 2015 年 12 月に東京で再び開催され、第 5 回会議が 2016 年 6 月に大阪で開催されている。憲法九条を世界に広げる草の根の働きは、大きな広がりを見せている。神奈川県在住の女性キリスト者によって発案された、「憲法九条にノーベル平和賞を」は推薦人を得て、2014 年から

連続でノルウェー・ノーベル委員会から推薦を受理したことが報じられている。国家が非暴力主義を宣言した画期的な憲法九条を東アジアの平和の基軸の一つとすることは、日本のこの地域での平和構築への大きな貢献になる。憲法九条は国際政治における平和理論の現実主義を超えるビジョンと可能性を有している。

第3部

中国と朝鮮半島における歴史とトラウマの克服

第 9 章

日帝植民地期は朝鮮人の健康に
どのような影響を及ぼしたのか
―― 植民地近代化論の虚と実 ――

講演者： 黄　尚翼
（ファン　サンイク）
（ソウル大学医科大学人文医学教室教授）

報告者： 李　恩子
（イ　ウンジャ）
（関西学院大学国際学部准教授）

　2015年6月25日（木）にソウル大学医科大学人文医学教室所属の黄尚翼（Hwag SangIk）教授を招き「日帝植民地期朝鮮における保健医療」というテーマの公開講演会を開催した。司会には国際学部教授である平岩俊司先生にご協力をいただいた。
　参加者は70名を超え、図書館ホールの定員100名までには及ばなかったが多様な層（学生、国際学部教員や他学部教員、学外からの一般人）の参加者で埋まった。講演は当時の朝鮮人、日本人、そして台湾の例なども含めた詳細な保健医療に関するデータをパワーポイントで示しながら展開された。そして、講演後に限られた時間ではあったが積極的な質疑があり、通訳をはさんでいたにもかかわらず議論が続き盛会に終わった。講演内容は当日、優れた通訳をしてくださった神山美奈子氏（関西学院大学博士課程）と洪伊杓氏（京都大学博士課程）が講演発表の原稿の全訳をしてくださったのでそれを掲載する。

はじめに

　日帝植民地期において朝鮮人の生活水準は改善されたのか、あるいは悪化

したのか。最近、韓国では主に経済（史）学者たちがこれに関して論争を行って来た[1]。いわゆる「日帝植民地近代化論争」である。しかし、この論議には限界と問題点が内在している。彼らが使用した経済指標のほとんどは、朝鮮人と日本人が区別されておらず、朝鮮人の生活水準向上を判断するためには様々な仮定と前提が必要であり、そのような仮定と前提によってその解釈も大きく変わってくるという点である。

日帝植民地期における朝鮮において、経済成長があったことはある程度認められている。しかし、その分配様相によって朝鮮人の生活水準が向上した可能性もある反面、特に変化がなかった可能性もあり、むしろ悪化したと解釈することもできるのである。

これに反して、人口と保健衛生に関する指標は、朝鮮人と日本人が大部分区別されているため、朝鮮人の事情を直接知ることができ、日本人との比較も可能であるという長所がある。また、経済、社会、文化、政治的な変化は身体と健康に影響を与えるという点においても[2]、人口と保健衛生に関する資料は格別な意味をもつ。これによって、1960年代と70年代に、主に人口学者によって日帝植民地時代における朝鮮人の人口変動、出生力、死亡力、死亡原因などに関する研究は少なくなかった[3]。

研究者によって研究結果には差が生じるが、日帝植民地時代を通して朝鮮人の人口は持続的に増加し、それは主に死亡率の減少に起因するということ

---

1) この論争の代表的な著作として以下のものを挙げることができる。許粹烈（増補版）『開発なき開発――日帝下朝鮮経済開発の現象と本質』, 2011年、銀杏木；金洛年（編）『韓国の長期統計：国民計定 1911-2010』, 2012年、ソウル大学校出版文化院；李栄薫「混乱と幻像の歴史的時空－許粹烈の『日帝初期 朝鮮の農業』に応える」、経済史学 53（2012）pp.143-182；許粹烈「想像と事実－李栄薫教授の批評に応答する」、経済史学 54（2013）pp.167-216.
2) 身体と健康上の変化を研究することで、経済、社会、文化、政治の変化を読み取ることができる。
3) 代表的な著書および論文として以下を参照されたい。金哲「韓国の人口と経済」1965年、岩波書店；Kim Yun（金鍊）The population of Korea 1910-1945, 1966, Ph. D. Thesis at the Australian National University；Chang Yunshik（張潤植）, Population in early modernization : Korea, 1967, Ph. D. Thesis at Princeton University；石南国「韓国の人口増加の分析」勁草書房、1972年；Kwon Taihwan（権泰煥）, Demography of Korea-Population change and its components 1925-1966, 1977, Seoul National University Press.

が研究者たちにおいて共通する研究結果である。これは日帝植民地時代における人口変遷（demographic transition）モデルの第2段階（多産多死型から多産少死型へ変化）に至ったことを意味する。

 しかし、そのような変化が日帝植民地時代に初めて現れたのか、あるいは、より早い時期、たとえば1880年代または90年代に現れたのかという問題は明らかになっていない。したがって、今後これに関する研究が必要になると考える[4]。

 前述した研究者たちは、ほとんどが日帝植民地時代における朝鮮人の死亡率減少の主要因として伝染病死亡率の減少を挙げ、またそれは全般的な生活水準の向上というよりも近代的な衛生施設と医療の拡大に起因すると主張する。

 本章では、そのような主張が妥当性をもつのかについて検討する。また、広く使われる「保健指標」（health index）の中で、日帝植民地時代における朝鮮人の健康状態を最もよく示す指標を確認し、その指標を通して朝鮮人の健康水準の変化を把握することとする。そして、法定伝染病の発生率と死亡率、月別死亡率の変化推移を分析し、次いで健康水準に影響を及ぼす栄養状態（カロリー摂取量）、衛生施設（上水道）の普及、医療人材および医療機関の変化状況などを考察する。すなわち、保健医療の実態を通して日帝植民地時代における朝鮮民衆の生活水準とその変化を把握するものである。

1. 活用資料

 日帝植民地時代の最も基本的な統計資料は、朝鮮総督府が毎年発行した『朝鮮総督府統計年報』（1910-1943年）である。この資料は、正確性におい

---

[4] 族譜と行旅死亡者等を対象にした研究がこの問題に対する示唆を与える可能性がある。Choi Seong-Jin and Daniel Schwekendiek, "The biological standard of living in colonial Korea, 1910-1945", Economics and Human Biology 7 (2009) pp.259-264 ; Kim Duol and Park Heejin, "Measuring living standards from the lowest : Height of the male Hangryu deceased in colonial Korea", Explorations in Economic History 48 (2011) pp.590-599 参照.

てある程度の問題があるが、日帝植民地時代における時系列的な変化を確実に知るためには唯一の資料といえる[5]。したがって、本論考においてもこれを中心に考察し、その他の資料である今日の人口センサス資料にあたる『朝鮮国勢調査報告』（1925、1930、1935、1940年）と、『朝鮮人口動態統計』（1938-41年）、『朝鮮防疫統計』（1934-41年）、金洛年（編）『韓国の長期統計：国民計定 1911-2010』、「国家統計ポータル」〈http://kosis.kr/〉などを活用した。そして、日本と台湾を比較するため、『日本帝国統計年鑑』（1912、17、22、26年）、『日本長期統計総覧』（1999年）、『台湾総督府統計書』（1910-39年）などを参照、利用した。

2. 健康水準と健康指標

　国民、あるいは市、道民などの人口集団の健康水準を示す代表的な「健康指標」（health index、保健指標）として、「平均寿命」（出生時の期待余命、life expectancy at birth, LE）、「嬰児死亡率」（infant mortality rate, IMR）、「比例死亡指数」（proportional mortality indicator, PMI）などがある。健康指標を見ると、国家および地域に暮らしている人々の健康水準を把握でき、国家間、地域間、時代別の比較も可能になる。また健康指標は、医療水準およびその配分の程度だけではなく、所得水準、教育水準、産業化の程度などをも反映する「総合成績表」である。すなわち、健康指標を通して特定の国家と地域の総合的な水準と発展の程度を知ることができる。したがって、日帝植民地時代の健康指標を正確に分析できれば、その時期の朝鮮人の健康水準だけではなく朝鮮社会の全般的な発展に関する情報も把握できる。

　今日において、統計調査方法の発達と安定した行政力によって一部を除外して、大部分の国で正確な健康指標を算出できる。しかし、20世紀の上半期だけをみても、先進国を除外すると信頼性の高い健康指標を作成することは不可能であった。日帝植民地時代の朝鮮も同じである。朝鮮総督府は、

5）朝鮮総督府が毎年発刊した朝鮮総督府施政年報も類似する特性をもつが、資料の規模から統計年報に大きく及ばない。

1910年から朝鮮全域で出生数、死亡数、死亡原因、患者数など、人口および健康と関連のある資料を朝鮮人と日本人（内地人）、外国人を区分して調査し、毎年『朝鮮総督府統計年報』にその結果を掲載した。しかし、当時もその調査値の正確性と信頼性は高くないと理解されていた。当局（総督府）は、正確性と信頼性が低い理由の大部分が、朝鮮人の無知と怠惰にあるとした。事実上、朝鮮人の多くが新しい調査に慣れていなかった点、日本政府に対する反感と抵抗、慣習[6]などの理由で、正確な統計の作成が困難であったことは確かである。

一方、1925年から5年の間隔で実施された「国勢調査」（人口センサス）資料の正確性と信頼性は、前述した日常的な調査資料に比べ、より高いレベルの統計として評価されてきた。しかし、国勢調査は、出生率と死亡率などの実態と変化を把握するための人口動態の調査ではなかった。したがって、人口移動の規模を一定の流れとして仮定したうえで出生と死亡を推計するので、粗出生率と粗死亡率に対しては比較的信頼性のある情報を与えるが、平均寿命と嬰児死亡率の計算には他の前提と仮定が必要になる。また「国勢調査」は、1925年から実施されたためそれ以前の時期に関する直接的な情報は与えられないという限界と制約がある。

3. 日帝植民地時代における健康指標と健康水準

3-1. 平均寿命と嬰児死亡率

　当時の京城帝国大学医学部衛生学教室の崔義楢（チェ ヒヨン）は、指導教授である水島治夫の先行研究と1次から3次までの「国勢調査資料」を利用して、「1926-30年」および「1931-35年」の生命表を各々補完、作成してそれぞれの平均寿

---

[6] 慣習的に出生申告を遅らせる場合が多く、それによって申告前に死亡する嬰幼児は、出生と死亡集計から漏落されるということがよく起こった。また、伝統的に「数え年」と「満」の違いから誤った記録も少なくない。このようなことは1950年代まで続いている。

表1 朝鮮人と日本人の平均寿命（出生時の期待余命）と嬰児死亡率

民族／性別	平均寿命（歳）		嬰児死亡率（千名当）	
	1926-30 年	1931-35 年	1926-30 年	1931-35 年
朝鮮人男児	32.39	36.30	252.17	206.60
朝鮮人女児	34.88	38.53	230.09	200.10
朝鮮居住の日本人男児	44.52	46.18	74.28	64.00
朝鮮居住の日本人女児	45.03	47.70	67.28	56.35

資料出処：崔義楹．朝鮮住民ノ生命表．第一回生命表（昭和元－五年）ノ補充及ビ第二回（昭和六－十年）精細生命表．朝鮮醫學會雜誌　第29巻11号（1939年11月）、68-108頁。

表2　朝鮮人の平均寿命（1906-42 年）

朝鮮人の出生時における期待余命（歳）			
	総数	男子	女子
1906-10 年	23.53	22.62	24.44
1911-15 年	25.01	24.01	26.00
1916-20 年	27.01	25.83	28.18
1921-25 年	29.57	28.29	30.84
1926-30 年	33.64	32.39	34.88
1931-35 年	37.42	36.30	38.53
1936-40 年	42.62	40.58	44.66
1938-42 年	43.80	42.50	45.00
1942 年	44.94	42.81	47.07

資料出処：石南国『韓国の人口増加の分析』勁草書房、1972年、114頁。

命と嬰児死亡率を導き出した（表1）。この研究によると、朝鮮人は「1926-30年」と「1931-35年」の間に、平均寿命と嬰児死亡率に改善が見られたが、同じ時期における朝鮮居住の日本人と比較すると、二つの項目すべてにおいて明らかに低い値を示した。

　以後、石南国は崔義楹、Bureau of Statistics などの研究と調査結果を活用し、日帝植民地時代の全期間にわたる（1906-42年）平均寿命を作成した（表2）。石によれば、朝鮮人の平均寿命は韓国併合直前の数値23.53歳から1942年の44.94歳まで、その差は21歳という、ほぼ2倍にまで増えた。石が作成した平均寿命の変化の信頼性が高いとすると、日帝植民地における朝

表3 日本人の平均寿命（1891-1936年）

日本人の出生時における期待余命（歳）			
	総数	男子	女子
1891-98年	43.55	42.80	44.30
1899-03年	44.41	43.97	44.85
1909-13年	44.49	44.25	44.73
1921-25年	42.63	42.06	43.20
1926-30年	45.68	44.82	46.54
1935-36年	48.28	46.92	49.63

資料出処：日本長期統計（1999年）

表4 朝鮮人の平均寿命（出生時における期待余命）と嬰児死亡率

	平均寿命（歳）			嬰児死亡率（千名当）		
	女児	男児	総数	女児	男児	総数
1925-30年	37.19	37.85	37.53	188.36	184.21	186.23
1930-35年	40.05	40.37	40.21	171.01	166.80	168.85
1935-40年	41.67	40.41	41.03	160.80	166.50	163.72
1940-45年	44.75	42.03	43.36	142.14	155.71	149.09

資料出処：Tai Hwan Kwon（1977）. Demography of Korea－Population change and its components 1925-1966. Seoul National University Press.

鮮人の健康水準は画期的に改善されたといえる。しかし、石が計算した1926年以前の平均寿命は、1926-30年、1931-35年の数値を利用した「外挿法」（extrapolation）で導き出したものであるため、石自らも正確性についてそれほど信頼することができなかった。

また、統計的な正確性と信頼性が、朝鮮と比較して高かった当時の日本（内地）に居住する日本人の平均寿命（表3）の変化と比較してみても、石の推定値は説得力に欠ける。すなわち、朝鮮人の平均寿命の増加は日本人を圧倒しており、すべての条件においてこれは可能ではなかったと考えられる。

一方、権泰煥（クォン テ ファン）は「graduated survival ratios」および「north model」という人口統計学的な方法で、植民地時代の多様な資料を利用し、1925-30年から1940-45年までの生命表を作成、平均寿命と嬰児死亡率を算出した。表4

は、権が「graduated survival ratios」という方法を用いて得た朝鮮人の平均寿命と嬰児死亡率である。

　最新の人口統計学的な方法を使って得た権のデータが、崔義楯や石南国などと比べて信頼性が高いということは確かである。しかし、それも多くの前提と仮定を用いた「推定値」という問題点があり、1925年以前の状況については何の情報もないという限界がある。

3-2. 比例死亡指数

　今ではあまり使われないが、平均寿命と嬰児死亡率を正確に算出することのできる、1957年に世界保健機構（WHO）統計研究部責任者スワループ（Swaroop, Satya）とチームの同僚である上村（Uemura, Kazuo）が開発した「比例死亡指数」（proportional mortality indicator, PMI）は、様々な長所をもっている。比例死亡指数は、年間総死亡者に対する50歳以上の死亡者数の占める割合を意味する（PMI＝100×年間50歳以上の死亡者数／年間総死亡者数）。要するに、比例死亡指数は年間総死亡者数と50歳以上の死亡者数さえわかれば簡単に算出でき、人口集団、たとえば一国家の健康水準と国家間の健康水準の差を忠実に反映させる非常に有効な健康指標である。スワループと上村の比較調査によると、比例死亡指数は平均寿命、嬰児死亡率、粗死亡率など既存のいかなる健康指標よりも識別力がずっと高い[7]。かつ年間総死亡者数と50歳以上の死亡者数だけで計算できるので、統計調査力量が乏しい途上国でも使用できるという長所もある。

　日帝植民地時代の朝鮮では、1910年から37年までの年間総死亡者数と年令別（5歳または10歳間隔）死亡者数が朝鮮人、日本人、外国人別に集計され「朝鮮総督府統計年報」に載せられた。

　比例死亡指数を算出する原資料が1910年から37年まで残されている。問題はその資料の正確性と信頼性だ。特に、問題になるのは朝鮮人の低い死亡申告率である。

---

7) Swaroop & Uemura (1957). Proportional mortality of 50 years and above. Bulletin of the World Health Organization 17: pp.439-481.

第9章 日帝植民地期は朝鮮人の健康にどのような影響を及ぼしたのか　157

表5　朝鮮人、台湾人、日本人の比例死亡指数（1910-37年）

年度	朝鮮人	台湾人	日本人	年度	朝鮮人	台湾人	日本人
1910	26.1	22.4	33.8	1924	26.9	22.0	34.8
1911	25.1	21.8	33.7	1925	28.2	22.0	34.5
1912	29.9	22.3	34.3	1926	27.7	22.6	34.8
1913	27.4	21.8	34.0	1927	28.9	21.6	35.1
1914	27.2	21.6	33.8	1928	27.3	20.7	35.6
1915	25.2	21.9	33.5	1929	26.7	22.1	35.6
1916	25.8	22.5	34.5	1930	28.4	21.7	36.9
1917	25.3	23.2	34.5	1931	28.3	20.8	37.0
1918	25.2	19.0	32.1	1932	25.4	22.3	36.7
1919	24.0	21.7	32.4	1933	29.2	23.0	37.3
1920	24.6	19.6	31.0	1934	28.5	21.9	37.8
1921	24.9	20.6	33.5	1935	27.4	23.0	37.9
1922	26.4	21.5	33.9	1936	29.3	23.0	38.8
1923	26.2	23.6	33.1	1937	29.4	23.3	37.9

資料出処：〈朝鮮総督府統計年報〉〈台湾総督府統計書〉〈日本帝国統計年鑑〉

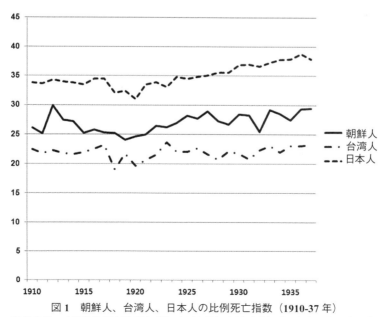

図1　朝鮮人、台湾人、日本人の比例死亡指数（1910-37年）
資料出処：〈朝鮮総督府統計年報〉〈台湾総督府統計書〉〈日本帝国統計年鑑〉

1910年代上半期には申告率が50％にも及ばなかったためその値は推定になる。日帝植民地時代の全期間において嬰（幼）児死亡申告が特に低かったと考えられるが、その他の年令層では年令による死亡申告率の差は大きくなかったと考えられる。したがって、嬰（幼）児死亡率は申告値と実際の値の差が非常に大きいが、比例死亡指数は死亡申告率が低いとしても、それによる誤差が比較的等しく分散しているため、実際との差がそれほど大きくないと考えられる。

朝鮮総督府、台湾総督府、日本統計庁が作成した年令別死亡者資料を使って、朝鮮人、台湾人、日本人（本土）の比例死亡指数を計算してみると、表5のようになり、図1はそれをグラフで表したものである。資料が共通して残っている1910年から37年までの比例死亡指数は、朝鮮人25～30、台湾人20～25、日本人30～40にとどまり、朝鮮人、台湾人、日本人の差は全時期にかけて明瞭である。また、朝鮮人と台湾人は、1925年以後にも増減を繰り返した反面、日本人は絶えず増加した。要するに、朝鮮人と台湾人は、1910年から37年の間に比例死亡指数およびそれを通して見た健康水準の改善がほとんどなかった反面、日本人は小幅向上した。

3-3. 法定伝染病の患者数と死亡者数

図2をみると、朝鮮総督府が把握する法定伝染病患者数は、朝鮮人に比べて日本人（朝鮮居住）が圧倒的に多かった。10倍を大きく上回っている。これは朝鮮人患者が実際に少なかったのではなく、まともに把握できなかったためだ。

総督府は保健医療分野において、法定伝染病予防と管理に最大の努力を惜しまず、またそれだけ大きな成果をおさめたと自負した[8]。しかし、実状はそうではなかった。日本人患者数はほとんど減ることなく（本国の日本人より全期間4倍ほど多かった）、朝鮮人患者は（1918-19年のインフルエンザ患者と1919-20年のコレラ患者を除いて）大部分初めから把握すらされなか

8）朝鮮総督府施政年報各年度.

第 9 章　日帝植民地期は朝鮮人の健康にどのような影響を及ぼしたのか　159

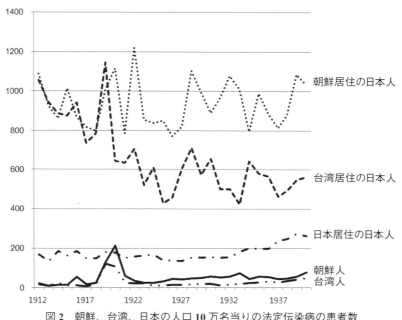

図 2　朝鮮、台湾、日本の人口 10 万名当りの法定伝染病の患者数
資料出処：〈朝鮮総督府統計年報〉〈台湾総督府統計書〉〈日本帝国統計年鑑〉

った9)。患者規模も全く把握できない状況で、適切な対策を期待するということはナンセンスであった。つまり、総督府の宣伝とは異なり、朝鮮人は伝染病予防と管理において完全に疎外されていた。

　総督府は、伝染病の実態をまともに把握できない問題の重要な理由として、朝鮮人の近代的な衛生に対する無知、当局に対する非協力、医療関係者（特に医生）の無能と怠慢を挙げた。しかし、総督府が朝鮮を 30 年以上統治した主体であるからには、そのような理由は弁明にすぎない。

　このような現象は台湾も同様であった。台湾人の法定伝染病患者は、ほとんど把握されず、台湾に居住する日本人も朝鮮居住の日本人よりはましであったが、日本本国よりは多くの人が伝染病に苦しんだ10)。朝鮮と台湾に居住

---

9)　図 2 と図 3 から、1919 年と 1920 年に朝鮮人患者と死亡者が大きなピークを見せているが、これはコレラ患者数と死亡者数を把握していたからである。台湾（1918 年と 1919 年）も同様。
10)　台湾人の場合、痘瘡（天然痘）は例外だった。台湾総督府は台湾人と台湾居住↗

160　第3部　中国と朝鮮半島における歴史とトラウマの克服

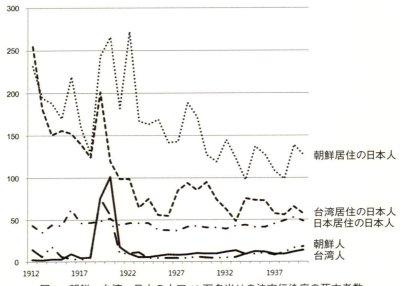

図3　朝鮮、台湾、日本の人口10万名当りの法定伝染病の死亡者数
資料出処：〈朝鮮総督府統計年報〉〈台湾総督府統計書〉〈日本帝国統計年鑑〉

する日本人の伝染病発病率が短期間において本国より高いという結果であれば、現地の風土に適応できなかったため、と解釈する余地があるものの、これは全期間にわたって現れた。

　法定伝染病による死亡者数も似通った様相を見せた（図3）。この期間の後期になると少し良くなったが、朝鮮と台湾に居住する日本人は本国の日本人より法定伝染病による死亡者がずっと多かった。また、法定伝染病による朝鮮人、台湾人の死亡者数は、ほとんど把握されていない。日本当局が伝染病の予防と管理に総力を傾けた1918-20年のパンデミック期にも、当局によって把握された朝鮮人死亡者数は、日本人死亡者数にはほど遠く及ばなかった。

　表6は、日帝植民地時代朝鮮のコレラ患者数と死亡者数を表している。筆者は、1919-20年のコレラ大流行期の調査結果は正確性および信頼性が非常

↘　の日本人の痘瘡について管理していた。

第 9 章　日帝植民地期は朝鮮人の健康にどのような影響を及ぼしたのか

表 6　コレラ患者、死亡者、致命率

	患者				死亡者				致命率(朝鮮人)	致命率(日本人)
	朝鮮人	10萬名當	日本人	10萬名當	朝鮮人	10萬名當	日本人	10萬名當		
1915	1	0	0	0	1	0	0	0	100	
1916	1680	10	384	120	1022	6	230	72	61	60
1919	16617	99	272	78	11339	68	179	52	68	66
1920	24035	142	178	51	13453	80	110	32	56	62
1921	1	0	0	0	1	0	0	0	100	
1922	38	0	1	0	21	0	1	0	55	100
1925	6	0	0	0	5	0	0	0	83	
1928	248	1	3	1	156	1	3	1	63	100
1929	18	0	0	0	15	0	0	0	83	
1932	67	0	3	13	6	0	2	0	54	67
1937	0	0	1	0	0	0	1	0		100
1938	50	0	0	0	32	0	0	0	64	
	42761		842		26081		526		61	62

資料出処：〈朝鮮総督府統計年報〉〈大正 8 年虎列刺病防疫誌〉〈大正 9 年コレラ病防疫誌〉

　に高いと考える。それだけ総督府当局がコレラの拡散を防止するために実態の把握に努力を傾けたからである[11]。また、この数値が日帝植民地時代の朝鮮人が経験した法定伝染病の実態を把握する唯一の資料として、これを根拠に他の法定伝染病患者、死亡者数を制限的にでも類推することができると考える。

　一方、表 6 から 1916 年の朝鮮人患者数、死亡者数には疑いが残る。日本人に比べて 10 万名当たりの患者数、死亡者数がすべて 12 分の 1 にすぎないからだ。1916 年のコレラ流行に関してさらに綿密な調査が必要である。

　つまり、日帝植民地時代における朝鮮人の法定伝染病被害は、直接的には把握できない。朝鮮総督府が把握していた朝鮮人患者数、死亡者数は、1919-20 年のコレラの流行を除外し、何ら意味をもつことができない。今では朝

---

11) その結果、日本本土はコレラの流行を避けることができた。

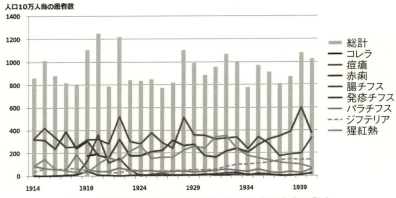

図4　朝鮮居住の日本人患者数にみる法定伝染病の発生

資料出処:〈朝鮮総督府統計年報〉〈朝鮮防疫統計〉

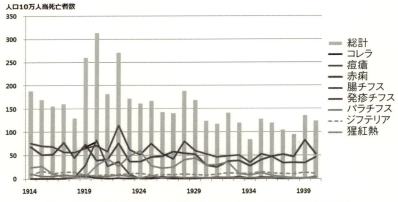

図5　朝鮮居住の日本人死亡者数を通して見た法定伝染病の発生

資料出処:〈朝鮮総督府統計年報〉〈朝鮮防疫統計〉

鮮に居住した日本人患者数、死亡者数を通して朝鮮人の被害状況を間接的に類推することが唯一の方法と考えられる。図4と図5は、それぞれ日帝植民地朝鮮の日本人法定伝染病患者数と死亡者数の変化を示している。

3-4. 月別死亡率

　食糧事情が窮乏する国家と地域では、季節によって死亡率の増減がみられる。すなわち、食糧が不足する時期（朝鮮の場合は春窮期）に月別死亡率が増加し、春の収穫が終わった後に死亡率が再び減少する傾向がある。日帝植

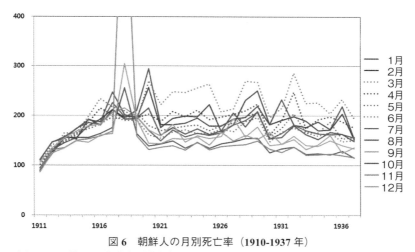

図6　朝鮮人の月別死亡率（1910-1937年）
資料出処：〈朝鮮総督府統計年報〉

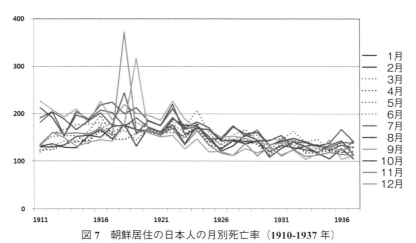

図7　朝鮮居住の日本人の月別死亡率（1910-1937年）
資料出処：〈朝鮮総督府統計年報〉

民地時代の朝鮮人にはこのような現象が明らかにみられ（図6）、一方で、朝鮮に居住する日本人にはこのような様相はほとんどみられない（図7）。

　つまり、朝鮮人は朝鮮居住の日本人と異なり春窮期に食糧不足で死亡率が増加する前近代的な現象から脱することができなかった。このような現象は日帝植民地時代全期間にみられる。

4. 健康水準に影響を及ぼす諸要因

　栄養状態改善を含めた生活水準の向上、上下水道普及と住宅改良等の衛生環境の改善、医学の発達と医療事業の拡大を健康水準改善の主要な要因として言及できる。

　それでは、日帝植民地時代の朝鮮人にとってこのような要因はどう影響していたのか。カロリー摂取量、上水道普及の程度、医療人材数と官立および道立医院の利用度の順で検討してみる。

4-1. カロリー摂取量の変化

　図8は、穀物と芋類（じゃがいもやさつまいも）による1日のカロリー摂取量の変化を示している[12]。日帝植民地時代後期になるほどカロリー摂取量が減少している。カロリー摂取の主要原料は、穀物と芋類だが、その他の食品によるカロリー摂取もある。しかし、穀物と芋類以外の食品によるカロリー摂取量を示す資料がないため、図9には年間食料品費（1935年価格）の変化を表示した。図をみると、穀類以外の食料品費の中で酒類・タバコ費だけが増加し、肉類、魚介類、その他加工食の食料品費はわずかな増加を見せただけである。

　つまり、日帝植民地時代の朝鮮人の栄養状態は徐々に悪化した可能性はあるが、改善されたという傾向はない。したがって、近代初めに西ヨーロッパ

---

12) 穀物と芋類の総消費量を人口数で割って計算したもの。

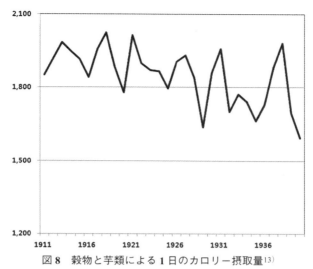

図 8　穀物と芋類による 1 日のカロリー摂取量[13]
資料出処：金洛年（編）、韓国の長期統計：国民計定、1911-2010、611 頁。

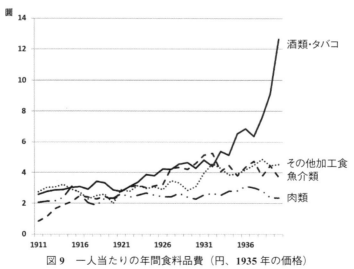

図 9　一人当たりの年間食料品費（円、1935 年の価格）
資料出処：金洛年（編）、韓国の長期統計：国民計定、1911-2010、608 頁。

---

13) 図 8 と図 9 は、日本人とその他の外国人も含めた資料だが、日帝植民地時代において始終朝鮮人が朝鮮全体人口の 97% 以上を占めていたので、朝鮮人に関する資料としてみなしても特別無理はないだろう。

諸国において死亡率減少と健康水準向上の最も重要な要因として挙げられる栄養状態改善は、日帝植民地朝鮮の場合には該当しないと考えられる。

4-2. 上水道普及状況

　図10から確認できるように、日帝植民地時代を通して衛生的な上水道普及は絶えず増加した。もちろん日本人世帯でも上水供給を受けることができなかった場合もあり、また初期から衛生的な上水供給を受けた朝鮮人もあったが、上水供給はほとんどが都市居住の日本人を中心に成り立っていた。たとえすべての上水供給が朝鮮人世帯にのみ与えられたと仮定しても、1939年現在で412万余の朝鮮人世帯のうち上水供給を受けることのできる比率は、7％にも満たない[14]。つまり、絶対多数の朝鮮人は衛生的な上水の恩恵を受けることができなかった。井戸の改良効果などに関しては今後さらに研

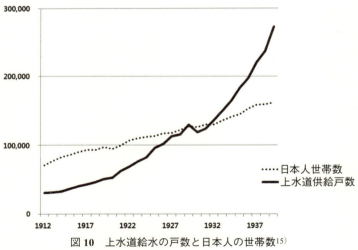

図10　上水道給水の戸数と日本人の世帯数[15]
資料出処：〈朝鮮総督府統計年報〉

---

14) 上水道供給が、日本人居住地域を中心に施行されたことを考えると、実際その半分である3％余りであっただろう。
15) 戸数を算出できない時期があり、一貫性を維持するため世帯数で示した。戸数と世帯数は特に違いがみられない。

究されなければならないだろう。

4-3. 医療人材数と官立医院および道立医院の利用度

　日本は日帝植民地時代に医学校を設立[16]し朝鮮人医師を輩出するなど、官立および道立医院を増設しながら朝鮮人に医療の恩恵を拡大したとした。そう日本が語ったように、日帝植民地時代において朝鮮人が受けた医療の恩恵は増えたのだろうか。

　近代西洋医学教育を受けた朝鮮人医師の数は、韓国併合前には100名未満、1943年には2618名と30倍ほど増えた。しかし、医師一人当たりの朝鮮人人口は1943年に9800余名にもなり、朝鮮に居住する日本人医師1194名を合わせても、医師一人当たりの朝鮮人人口は6700余名と少し下がるだけだ[17]。一方、事実上、日帝植民地時代に多くの朝鮮人の健康状態を管理した伝統医療者、すなわち医生[18]の数は徐々に減った。したがって、時期が経過しながら多くの朝鮮人は医療の恩恵を受けるどころかむしろ医療によってさらに疎外されていった。

　朝鮮に居住する日本人は、医師の数において本国の日本人よりも良い環境にあった。一方、朝鮮人は日増しに医療者の助けを受けることができなくなった。医師および医生一人当たりの朝鮮人人口は、併合初期で2500名、末期には3600名ほどとなり増加していった（図11）。朝鮮人の医療環境は改善されないままさらに悪化していったのである。台湾の場合、1930年頃までは朝鮮と類似する様相を見せたが、それ以降は漸次事情が改善され、朝鮮

---

16) 韓国併合以前、官立1校、私立1校であった医学校が、1940年には官立2校（京城医学専門学校と京城帝国大学医学部）、道立2校（大邱医学専門学校と平壌医学専門学校）、私立2校（セブランス医学専門学校と京城女子医学専門学校）に増えた。
17) 一部の朝鮮人が日本人医師の診療を受けたが、それは例外的であった。したがって、医師一人当たりの朝鮮人人口は6700名よりは9800名により近かった。
18) 日本では1870年代から伝統医療者の再生産を禁止したが、医師としての資格は近代式医学教育を受けた人とまったく同じく認定した。一方、台湾と朝鮮では総督府当局の措置によって伝統医療者は「医生」に降格し、再生産も禁止された。医生は死亡あるいは年令増加によって消滅する運命であった。

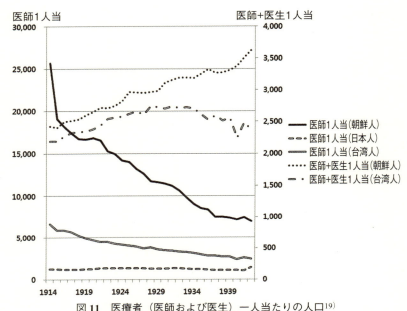

図11　医療者（医師および医生）一人当たりの人口[19]

資料出処：〈朝鮮総督府統計年報〉〈台湾総督府統計書〉〈日本帝国統計年鑑〉

と台湾は異なる面を見せている。

　このように、朝鮮人の医療状況がさらに悪化していったにもかかわらず、朝鮮総督府が朝鮮人医療者を増加させる措置を取ることはなく、飽和状態にある日本人医師を量産する方針を固守した。その結果、朝鮮で医師資格を得た日本人医師が日本本土、満洲、中国等に流れていく「頭脳流出（brain drainage）」現象さえ起きた。

　朝鮮総督府が朝鮮内の保健医療と関連する重要な事業として、官立および道立医院の増設と支援拡大があった。このような措置のおかげで、これら医療機関の外来患者と入院患者は徐々に増加した。しかし、図12にあるように、利用者は日本人が圧倒的多数を占め、朝鮮人利用者数は非常にわずかであり、これは時期を経てもほとんど変わらなかった。日帝植民地政策は、「朝鮮人のために」、「朝鮮に近代式医療を普及するために」、「朝鮮の文明開

---

[19]　医師一人当たりの朝鮮人人口は、日本人医師を含めた数値である。実際にはこのグラフでみるよりも事情がより劣悪であった。

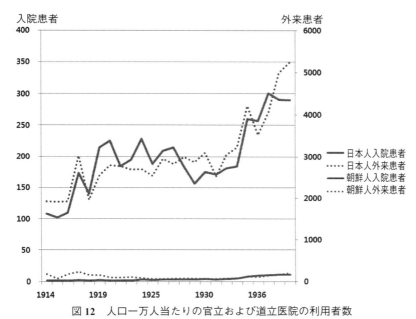

図12　人口一万人当たりの官立および道立医院の利用者数
資料出処：〈朝鮮総督府統計年報〉〈朝鮮総督府施政年報〉

化のために」多くの医療機関を建設したとしているが、実際日本人のための医療機関であるだけであった。大部分の朝鮮人は納税によって朝鮮内の官立および道立医療機関設置と運営のための費用を負担しただけでその恩恵を受けることはほとんどできなかった。

おわりに

　以上考察したように、日帝植民地時代における朝鮮人の健康水準をよく示す健康指標は、比例死亡指数によって考えられる。日帝植民地時代の全時期にわたって平均寿命と嬰児死亡率を算出できる資料はほとんどなく、正確性と信頼性に疑問が残る。その中で、この時期に最も信頼できる比例死亡指数によって示される朝鮮人の健康水準は、日帝植民地時代の間ほとんど向上しなかったといえる。

また、既往の研究とは異なり、朝鮮人の伝染病死亡率が下がったという根拠を見つけることができない。確認できる事実は、朝鮮総督府が朝鮮人の伝染病発生被害についてほとんど把握していなかったという点だ。言い換えれば、日本当局は当時、日帝植民地朝鮮の最大の保健医療問題であった朝鮮人の伝染病を初めから放置した。栄養状態、衛生施設、医療環境等、保健医療および衛生と関連するすべての面において、朝鮮人よりもはるかに良い環境にあった朝鮮居住の日本人でさえ伝染病の脅威から決して自由ではなかった。朝鮮居住の日本人の（法定）伝染病死亡率は、1920年代から徐々に減少していったが、伝染病発病率はほとんど変化がなかったのである。

　また、朝鮮人月別死亡率が春期に大きく増加しているが、これは朝鮮社会が春窮期の食糧不足とそれによる死亡率増加という前近代的モデルから脱することができなかった事実がよく表れている。

　日帝植民地時代の朝鮮人にとって、カロリー摂取、上水道普及、医療利用等、死亡率減少および健康水準向上に関連する要因が改善されたという根拠も見出すことができない。むしろ、そのような要因が悪化を引き起こしたという証拠が様々に見出される。

　つまり、日帝植民地時代は日本による韓国併合とその後の日本による宣伝とは異なり、朝鮮人の見地から考えるとき、保健医療面において改善された点を見つけることができない停滞の時期であったといえる。

　　　　　（翻訳）洪　伊杓（京都大学大学院文学研究科博士後期課程）
　　　　　　　　神山　美奈子（関西学院大学大学院神学研究科博士後期課程）

第10章

鄧小平理論の宗教観

金　永完
（中国山東大学法学院副教授、法学博士）

はじめに

　鄧小平（1904年8月22日－1997年2月19日）の宗教問題に関する言及は、決して多くはない。したがって彼の宗教観を総合的に把握するためには、次のような様々な資料を分析する必要がある。すなわち、①鄧小平本人が様々な時期に宗教問題について直接言及したもの、②中国共産党第11期3中全会（1978年12月18日－22日）以降、鄧小平の積極的な指導の下で、党の第二代国家指導集団が研究・発表した宗教および宗教問題に関する基本的な観点および原則[1]、③中共第11期3中全会以降、鄧小平の指導の下で宗教および宗教問題について党と政府および関係部門の名義で発表した法律・法規・方針・政策・条例・通知等[2]である。このほか、④中共第11期3中全会以降、マルクス主義理論や宗教問題を研究する専門家によって発表された鄧小平の宗教観に関する多くの研究業績も、鄧小平理論の重要な構成部分としてみなされている[3]。厳密に言えば、①は「鄧小平の宗教観」で、②

1）毛国庆「论邓小平对宗教工作理论与实践的历史性贡献」中央济南市委党校学报、2005年1月、第65頁。
2）于洪文、王训礼「邓小平理论宗教观的产生与发展」理论法学、2004年、第12期、57頁。
3）徐登攀「试论邓小平理论宗教观」承德民族师专学报（Journal of Chengde

③④は「鄧小平理論の宗教観」ということができるが[4]、一般的には、①から④までの様々な内容の有機的な統一体を「鄧小平理論の宗教観」という。

以上の内容を総合して中国風に記述すれば、「鄧小平理論の宗教観」とは、「マルクス主義の唯物弁証法及び唯物史観の世界観と方法論の導きの下で、現代中国の宗教と宗教問題並びにこれらを如何ように科学的に認識し、正確に処理すべきかということについての一連の基本的な観点、原則と方法の総和であり、鄧小平を中心とする中共中央の第二代指導集団がマルクス主義宗教観と毛沢東思想の宗教観を、現代中国の宗教的状況と結びつけてつくり出した産物であり、全党及び様々な宗教を信仰する愛国人士を含む全国の各民族・人民の集団的な智慧の結晶であり、マルクス主義の宗教観と毛沢東思想の宗教観の現代中国における歴史的な継承及び発展である。これは鄧小平理論の一つの有機的な構成部分であり、鄧小平の中国的特色を持った社会主義理論の建設のための可分の重要な内容であり、党と政府がつくり出した正確な宗教政策と宗教に関する法律、法規の理論的指南並びに宗教事務を全面的にうまく処理するための強力な思想的武器である[5]。」

本章は、上記の様々な内容を紹介・分析し、「鄧小平理論の宗教観」について解明するものである。ただし④のほとんどすべては、①②③の内容の機械的な反復や賛美にすぎず、斬新な内容に欠けているため論外にし、研究範囲を①②③に限定して「鄧小平理論の宗教観」を分析することにする。「文献分析法」(documentary analysis) を以て行われる「鄧小平の宗教観」についての解明は、わかりやすくなるべく年代順（chronological order）に叙述される。まず、青少年時代における鄧小平の成長背景を簡単に紹介し、次に、新民主主義革命時期（1919-1949）から建国初期にわたる時期において、鄧小平が宗教問題について言及した言葉と党中央に報告した文書の内容を紹介する。最後に、改革・開放政策が採択された中共第11期3中全会（1978）以降において行われた鄧小平個人の発言および鄧小平を中心とする党の指導

↘   Teacher's College for Nationalities）第24巻第4期、2004年11月、70頁。
4) 曾伝輝「邓小平的宗教观」世界宗教研究、2014年、第4期、8頁。
5) 課題組（宋世昌、王训礼、王立新、王格芳、丁法迎　集体讨论、王训礼　执笔）「邓小平理论宗教观略述」理论学刊1999年、第1期、31頁。

部によって発表された宗教問題および宗教事務に関する文書（上記の②③）の内容を分析・紹介する。②③の諸内容は、1978年前後から1997年までの資料に基づいて、「鄧小平個人の発言以外の公式文書」というタイトルを以て簡略化してまとめることにする。

　以上の資料と研究方法論を以て「鄧小平理論の宗教観」について分析するにしても、それはマルクス主義のイデオロギー的性質や党の路線、そしてその線上にある鄧小平理論という定型的な枠組みの中で行われるため、内容的・理論的に避けえない限界があるということを断っておきたい。宗教を一つのイデオロギーにすぎないものとしかみなさない社会主義国家中国における宗教観の形成は、宗教と国の精神世界を支配するマルクス主義のイデオロギーとの見えざる摩擦現象によって、一定の影響を受けざるをえないのである。

1. 青少年期の鄧小平

　鄧小平は、1904年、四川省広安県の協興郷牌坊村に生まれた。彼の少年期は、ちょうど清末から中華民国初期に変わっていく激動の時期と重なっている。彼の父親鄧紹昌（字は文明）は、かつて成都法政学校で新式教育を受けたことがある。新旧世代が交替する時代の影響を受け、比較的混雑な思想をもっていた鄧紹昌は、かつて郷村の教師、県団統局長（警衛総弁）および郷長を勤めたこともあり、また当時、四川において普遍的に存在していた自助的な民間秘密結社「袍哥」の「掌旗大爺」（首領）をも勤めたことがあるという[6]。鄧小平の母親は典型的な良妻賢母で、彼女が宗教をもっていたという記録は見当たらない。

　鄧小平は5歳の時私塾へ入塾し、「四書」・「五経」の儒教経典を覚えるなど、全面的な「蒙学教育」（私塾教育）を受け、10歳の時は新式学堂で高級小学を履修した。その後、15歳の時は、父親の勧誘に従って重慶に行き、

6）鄧榕『我的父亲邓小平：激情年华』北京：中央文献出版社、2000年、51頁。

174　第 3 部　中国と朝鮮半島における歴史とトラウマの克服

「勤工倹学」（働きつつ学ぶこと。1920 年前後に左翼青年がフランス留学した際の学習方式）のための予備学校に入学した。また当時は、ちょうど「五・四運動」（1919）が全国を席巻し、マルクス主義が中国に伝来された時期である。鄧小平も、重慶の青年学生たちと一緒にこの運動に参加した。そして 1920 年、16 歳の時にフランスに留学した。フランス留学中の 1922 年には、中国少年共産党に入党し、職業的な革命家の道を歩むようになった[7]。青少年期における鄧小平の宗教に関する資料は見当たらない。

2. 新民主主義革命の時期（1919-1949）から建国初期まで

　「五・四運動」を契機に、革命は旧民主主義革命から新民主主義革命の時期に突入した。中華人民共和国の成立に向かう一連の革命活動の中で、鄧小平の宗教に関する言及は少数に限られている。

　1948 年 6 月 6 日、中央中原局第一書記、中原軍区および中原野戦軍政治委員を勤めていた鄧小平は、中央の土地改革と整党工作に関する精神および中原軍区の状況に基づいて、『中共中央の土地改革と整党工作を貫徹・執行することについての指示』を発し、新解放地域の土地改革と整党作業に関する政策をつくり出した。その中で宗教に関する内容は、次の通りである。すなわち、「我らは都市・農村の公共建築物、工場、作業場、学校、文化事業、教会堂、廟、ないし地主と富農の家屋、家具、樹林等々に対し、相当普遍的で厳しい破壊を行ったが、軍隊による破壊が最も厳しく、人民は極めて大きな反感をもっている。群衆は、『共産党は軍事は良いが、政治は良くない！』と言っているのだ。我ら多くの指導者同志は、この種の農業社会主義に対する破壊行為は反動的・罪悪な行為であることと、人民の利益と党の政治的な影響力は、いずれも見積もり難い損失を蒙っていることを、まだまともに認識していない[8]」。この指示が中央に送達・報告されると、毛沢東はこれに

7）曾伝輝「邓小平的宗教观」世界宗教研究、2014 年、第 4 期、8-9 頁を参照されたい。
8）中共中央文献編輯委員会編「贯彻执行中共中央关于土改与整党工作的指示」

完全に同意し、6月28日、鄧小平に答電すると同時に、劉少奇、朱徳、周恩来に、「中原局のこの文書があるので、中央はこれに類似した文書を再び発送する必要はない[9]」という内容の書簡を送った。鄧小平の『中共中央の土地改革と整党工作を貫徹・執行することについての指示』は、党政軍機関の名義で発せられた権威のある文書であり、毛沢東と党中央の同意を獲得し、また多くの指導者にも転送された党中央に属する文書である。

　1949年、解放戦争が全国各地において勝利を収めつつある中、中共中央はチベットへ進軍することを決定した。西北局の調査によれば、西北戦線を通じての進軍は、西南戦線を通じて行うより一層困難なものと判明した。それによって中央は、チベット進軍の任務は西南局が引き受け、西北局はそれに協力するよう指示した。もともと、中共中央は、チベット解放の交渉条件について、青海省委員会書記の張仲良が1950年5月1日に提出した『六つの条件』を批准していた。しかし鄧小平の西南局は、西北局の『六つの条件』は策略に欠けていると判断し、一層広範な内容で構成されている『四つの条件』を中央に提出し、批准を受けた。西北局の『六つの条件』の中の四つは、チベットの権力者が新たに選挙を行い、解放軍に被害をもたらした人々を処罰することなど、チベット現行の政治・軍事・経済制度を改造することに関わっていた。これに対し、西南局の提出した『四つの条件』は、「チベットの様々な現行制度を暫時的に維持」し、「チベット改革の問題は、将来に人民の意志に基づいて交渉を通じて解決する」など、チベット当局にとって一層魅力的な提案をしていたので、現地住民の危惧を解消でき、またチベットの平和的な解放の実現にも有利に作用した。このように、鄧小平の主導の下で西南局が提出した『四つの条件』には、一層策略に富む交渉条件が含まれているのである。さらに宗教政策の面で、西南局の『四つの条件』は、賀龍や十八軍政策研究室がチベット問題の専門家たちの意見を収斂して、寺院を保護しチベット人民の宗教信仰と風俗習慣を尊重すべく注意を喚起している。中共中央も「西南局の四項目が比較的良い」と判断し、これを

　　『邓小平文选』（第1巻）、北京：人民出版社、1989年、113-114頁。
9）中共中央文献研究室邓小平研究組『邓小平自述』国際文化出版社、2009年、267頁。

採択しているのである10)。

　また鄧小平の西南局は、中共中央の指示に従って10日間の研究を行い、チベットの平和解放に関する10項目の条件（これは『十大政策』または『十条約法』と呼ばれている）を起草して中央に報告し、批准を得た。『十条約法』は、宗教問題について次のように定めている。すなわち、「チベットにおける現行の様々な政治制度は、もともとの状況を維持し、一律に変更しない。ダライラマの地位および職権はこれを変更せず、各級官員は平常通り職務を担当する」（第3条）。「宗教の自由を実行し、ラマ寺院を保護し、チベット人民の宗教信仰と風俗習慣を尊重する」（第4条）。この『十条約法』は、後に中央人民政府とチベット地方政府の間で合意に達した『チベットの平和的な解決方法に関する協議書』の内容的基礎を提供している11)。

　新民主主義革命の時期（1919-1949）における革命は勝利を収め、中華人民共和国が成立（1949年10月1日）した。1950年7月21日、鄧小平は、西南地区に訪れた中央民族訪問団を歓迎する席上で、人民解放軍がチベットに進軍する問題について、次のように指摘した。すなわち、「我らが入った後、まず共同綱領の民族政策を宣布すると同時に、わが軍隊の優れているやり方を、一定の具体的な問題において体現しなければならない。たとえば、三大紀律、八つの注意事項を執行し、チベット人民の風俗習慣、宗教信仰を尊重し、ラマ寺院に駐屯しないこと等である。このようにして、チベット民族同胞の信任を勝ち取るのである12)」。

　このように鄧小平は、少数民族と宗教との歴史的な関係性に着目し、少数民族の保護は少数民族の信仰する宗教の保護に直結することを認識していた。現地の宗教文化を含むすべての文化的遺産の価値を尊重し、漢民族と少数民族との間で起こりがちな摩擦を解決し、ひいては各民族の大団結の実現に努めているのである。「中国の歴史において、少数民族と漢民族との間のわだかまりは極めて深いものである。我らが過去および去る半年間行ってき

---

10) 曾传辉「邓小平的宗教观」世界宗教研究、2014年、第4期、10頁。
11) 曾传辉、同上、10-11頁。
12) 中共中央文献编辑委员会编「关于西南少数民族问题」『邓小平文选』（第1巻）北京：人民出版社、1989年、162頁。

た仕事のために、このような状況は徐々に変化しているが、だからといって我らが、今日、このようなわだかまりをすでに取り除いたというわけではない。少数民族は一つの長い時期を経て、事実を通じてのみ、初めて歴史において大漢民族主義がつくり出した彼らの漢民族とのわだかまりを取り除くことができる。我らは長期間の仕事を通じて、このようなわだかまりを解消する目的を達成しなければならない。……わが中華人民共和国は多民族国家であるため、民族間のわだかまりを解消する基礎のうえで、各民族人民が共に努力することによって、初めて真の意味における中華民族の幸せな大家庭を形成することができるのである。……歴史上の反動政治が実行してきたのは大民族主義の政策であるため、民族間のわだかまりは一層深められざるをえなかったが、今日、わが政協の『共同綱領』に定められている民族政策は、このようなわだかまりを必ず取り除いて、各民族の大団結を実現することができる[13]」。

ところが、中華人民共和国が成立して間もない1957年からは、「極左」の群衆路線による「反右派闘争」が展開され、ついに「文化大革命」(1966-1976)が発生するに至った。この期間において、宗教は甚だしい弾圧を受け、宗教施設は大いに破壊された。すなわち、「10年にわたる文化大革命の期間中に行われた活動の中で、林彪、江青の反革命集団は、宗教を徹底的に消滅させるという極端な反動政策を推し進め、宗教というイデオロギーを単なる反動的なイデオロギーと同一視し、宗教・信仰の問題について如何なる分析もせず、それを政治問題と混同してしまい、宗教の領域における矛盾と闘争を、皆、階級矛盾と階級闘争の範疇に組み入れて、多くの宗教界の聖職者と信徒群衆を、一律に『牛鬼蛇神』(牛鬼神や蛇鬼神のような雑多な鬼神を指す——筆者注)と見なし、宗教団体を帝国主義の『第五縦隊』と見なして強制的に解散させ、宗教界の聖職者を帝国主義の代理人と見なして還俗させると同時に、労働改造を強行し、宗教活動の場所と不動産を封鎖・没収・占用するなどの行為をやらかした[14]」。ところで、林彪と江青らから成る

---

13) 中共中央文献編輯委員会編、同上、162頁。
14) 课题组「邓小平理论宗教观略述」理论刊、1999年、第1期、31頁。

「四人組」に対して批判さえすれば、毛沢東や彼を中心とする共産党の責任は、完全になくなるのであろうか。中国の長い歴史の中において、全国的なレベルで伝統文化と宗教を全面的に抹殺しようとする試みは、果たして文化大革命以前にもあったであろうか。この渦中で、鄧小平は3回にわたって失脚させられており、彼の宗教問題や宗教事務に関する記録は見当たらない。

3. 中共中央第11期3中全会（1978）以降

　1976年10月には「四人組」が逮捕され、文化大革命は終焉を告げた。1978年10月、中共中央は、中央統一戦線部の『目前の宗教工作において緊急に解決すべき二つの政策的問題に関する指示・報告』を通じて、宗教工作に対する「抜乱反正」（混乱を収拾して正常な状態に戻す）作業を行い始めた。これは、文化大革命が終わった後、党中央が批准した宗教問題に関する最初の文書である。この報告では、宗教問題について緊急に解決すべき二つの政策的な問題、すなわち①憲法に定められている宗教・信仰の自由の政策を全面的に貫徹・執行するべきこと、②「二つの異なる性質の矛盾」、すなわち相互敵対的な「敵我矛盾」と社会主義制度を擁護する人々の間における「人民内部の矛盾」とを厳格に区分し、宗教活動に対する管理を強めるべきことが強調されている。引き続き中国共産党は第11期3中全会（1978年12月18日－22日）を開催し、過去にあった極左的な傾向を是正し、マルクス主義の本来の姿に戻るだけではなく、改革・開放政策を採択し、全党工作の主眼と中国人民の注意力を社会主義現代化建設に転移させることを決定した。また全国の各戦線では、文化大革命の過ちを収拾して正常な状態に戻す作業が展開された。中共中央第11期3中全会は、中国共産党の歴史において画期的な転換点と評価されている。この会議を前後して、宗教問題や宗教事務に対する党の態度には大きな変化が生じており、またこの会議を契機に権力を回復した鄧小平も、宗教問題について語り始めているのである。

　以下では、中共中央第11期3中全会以降における「鄧小平理論の宗教観」の内容を、鄧小平個人の発言とそれ以外のその他の公式文書とに分けて、分

析・考察する。

3-1. 鄧小平個人の発言

　鄧小平の宗教問題についての発言は、「四人組」が打倒されてからなされ、大体 1977 年から 1981 年に集中している。宗教問題に関する鄧小平の発言は、宗教の領域における「抜乱反正」作業に対し、極めて重要な指導的作用を生じさせている。以下、数の多くない鄧小平の宗教に関する発言を網羅し、そこから彼の宗教観を帰納することにする。

（1） 1977 年 9 月、鄧小平は国慶節行事に参加するために北京に訪れて来た華僑旅行団の団長や副団長と会見する際に、「愛国人士、民主人士、宗教人士等々を一層よく団結させなければならない[15]」と述べ、宗教界人士を含む愛国的・民主的人士の民族大団結の重要性を強調した。

（2） 1979 年 1 月 15 日、鄧小平は英国の著名人士で構成された代表団と会見する際に、民族問題を宗教問題と結びつけて、正しい民族政策を通じて宗教・信仰の自由を保障することと、宗教問題の解決のために行政命令を用いてはならないことの重要性を指摘している。すなわち、「我らは建国以来これまで宗教信仰の自由を実行してきた。もちろん、我らは無神論の宣伝も進めてきた。マルクス主義者は、宗教のような問題は、行政的な方法では解決できないと認識している。林彪、『四人組』は、我らの一貫した宗教政策を破壊してしまった。我らは、現在、もともとの政策を回復しつつある。宗教信仰の自由は、民族政策に関係している。特に、我々中国は、正確な民族政策を実行しなければならない。必ず宗教・信仰の自由を実行しなければならない[16]」。

---

15) 中共中央文献研究室編『邓小平思想年谱』（1975-1997 年）北京：中央文献出版社、1998 年、45 頁。
16) 中共中央文献研究室編『邓小平思想年谱』（1975-1997）北京：中央文献出版社、2011 年、267 頁。

(3) 1979年、当時中国国務院副総理であった鄧小平は米国を訪問し（1月29日－2月5日）、時の米国大統領ジーミー・カーターと数回にわたって会談を行った。一度、宴会が終わる前に、鄧小平はカーターに、なぜ中国に興味をもっているのかと訊いた。カーターは、次のように答えた。すなわち、「私は小さい時からバプテスト教会の信徒として教育を受けてきた。幼少年期の私のヒロインは、宣教師として中国に行って福音を伝播したキリスト教の女性指導者であった。私自身も、当時は、宣教活動を支持するために大いに力を注ぎ、教会に毎月5セントずつ献金をしながら教会が中国に病院と学校を設立することを念じていた」。これを聞いて、鄧小平は大きな興味を感じて、「中国では、解放以降、このような状況は二度と存在しないようになった」と言った。カーターは、「このような状況を変化させることはできないのか」と訊いた。鄧小平は、カーターに、一層具体的に述べてくれないかと求めた。カーターは、一瞬考えて、次のような「三つの要求（requests）」を提示した。即ち、①宗教崇拝の自由を保障すること、②聖書の配布を許すこと、③中国の大門をキリスト教宣教師に開けっぴろげにすること。鄧小平は、米国を離れる前に、カーターに言った。「今後、中国の宗教政策は変わるであろう。今後、宗教崇拝の自由を提供し、聖書の配布を許容するつもりである。しかし、外国のキリスト教宣教師が中国に行くようにはできない。その理由は、宣教師たちは、皇帝の親戚のような暮らしをして、中国人の生活方式の転覆を試みていたからである（They had lived like royalties and tried to subvert the lifestyle of the Chinese.）[17]」。ここで、鄧小平の心の片隅に潜んでいる「宗教植民地主義」ないし「宗教帝国主義」に対する警戒心を垣間見ることができよう。キリスト教は西洋列強による中国侵略の手先としての役割を果たしていたと認識されており、こうした印象は、今日に至るまで、多くの中国人の頭の中に焼きついているのである。

---

17) ［美］吉米・卡特著／汤玉明译、刘亚伟校『我们濒危的价值观：美国道德危机』（On Endangered Values: America's Moral Crisis）西安：西北大学出版社、2007年、22頁。曾伝輝「邓小平的宗教观」世界宗教研究、2014年、第4期、15-16頁から再引用。

（4）1979 年 6 月 15 日、鄧小平は、政治協商会議第 5 期 2 次会議の開会の辞『新しい時期の統一戦線と人民政治協商会議の任務』において「様々な異なる宗教を信仰する各民族の愛国人士は、とても大きな進歩があった[18]」と指摘した。引き続き閉会式の際には、次のように宣布した。すなわち、「我らの統一戦線は、過去のどの時期に比しても、すでに一層拡大された。これは、全体の社会主義労働者だけではなく、社会主義を擁護する愛国者と祖国の統一を擁護する愛国者をも含む最も広範な愛国の統一戦線である[19]」。このように鄧小平は、「文化大革命」の期間中に行った宗教界の人士に対する不公正な扱いを批判し[20]、党と宗教界、そして宗教界の内部における広範な愛国的統一戦線の形成を強調しているのである[21]。

（5）1979 年 9 月 1 日、鄧小平は、第 14 次全国統一戦線工作会議において、次のように指摘した。すなわち、「統一戦線工作を強める必要がある。何年も会議を開くことができなかった。しっかりつかんでやりましょう。これが正しい。現在、あなた方が提起したもっと多くの問題は民族資産階級の問題である。民族、宗教問題はまだ議論していない。この方面に多くの問題がある。……宗教事務にも多くの政策の問題がある。今回はもう議論に間に合わない。今後またこの問題に触れ得るであろう[22]」。当時の中国では、「抜乱反

---

18) 中共中央文献编辑委员会编「新时期的统一战线和人民政协的任务」『邓小平文选』（第 2 卷）北京：人民出版社、1983 年、186 頁。
19) 中共中央统一战线工作部、中共中央文献研究室『邓小平论统一战线』北京：中央文献出版社、1991 年、250 頁。
20) 刘东英「试论邓小平对中国特色马克思主义宗教观理论的两大突出贡献」新疆师范大学学报（哲学社会科学版）2004 年 9 月、第 25 卷、第 3 期、39 頁、龚学增「邓小平与中国特色社会主义宗教理论的创立」中国民族报、2014 年 8 月 19 日、第 007 版、宗教期刊・综合、3 頁、徐登攀「试论邓小平理论宗教观」承德民族师专学报（Journal of Chengde Teacher's College for Nationalities）第 24 卷、第 4 期、2004 年 11 月、70 頁。
21) 于洪文、王训礼「邓小平理论宗教观的产生于发展」理论学习、2004 年、第 12 期、57 頁、王作安「邓小平对中国特色社会主义宗教理论的开创之功」9 頁、徐焕新、王训礼「试论邓小平理论宗教观的产生、形成与发展——纪念邓小平同志逝世 10 周年」中共济南市委党校学报、2007 年 1 月、15 頁。
22) 中共中央统一战线工作部、中共中央文献研究室『邓小平论统一战线』北京：中央文献出版社、1991 年、161 頁。

正」のために処理すべき問題が山積みしており、これをうまく処理しなければ、党の工作は影響を受けてしまうのは明らかであった。第14次統一戦線工作会議において、宗教問題がまだ提起されなかったとき、鄧小平は宗教問題について議論すべく喚起し、宗教事務の重要性を強調しているのである。

(6) 1980年4月19日、鄧小平は、308字の短文『大きな意義を持つ盛大な事業』(人民日報)を通じて、次のように言及した。すなわち、「中日人民の友好往来と文化交流という歴史の長い河において、鑑真は重大な貢献をした、永遠に記念すべき人物である。彼は、日本留学僧栄叡、普照の招へいに応じて、不撓不屈の堅い意志を以て、5回にわたる渡日の失敗を経て、両眼共に失明した後、ついに日本に到着して、彼の使命を完遂した。昨年、私が日本を訪問したとき、奈良の唐招提寺で鑑真塑像を見たが、歴代の詩人・学者が讃嘆してきたように、それはまことに極めて高い芸術性をもっており、鑑真の強固な意志と落ち着いた風格をよく表現していた。千二百余年間において、日本人民は彼を国宝と見なし、今日に至るまで精根込めて保護し、供養してきているので、我らはそれに敬服し感謝するに値する。現在、日本政府の指示の下で、日本における文化界と仏教界の人士は、国宝鑑真像を丁重に中国に送り、故郷の人民がそれを仰ぎ見られるようにしてくれた。これは大きな意義をもつ盛大な事業である。これは、今後、人々をして、鑑真および日本の弟子栄叡、普照の献身的な精神を奮い立たせ、中日両国の人民が代々友好事業のための努力を怠らないように奮い立たせてくれるはずである」。この短文を通じて、鄧小平は、宗教は一種の文化的現象という角度から、中国の宗教界と海外の宗教界との友好的な交流活動を支持している。

(7) 1980年8月26日、鄧小平は、十世班禅額爾徳出尼・確吉堅賛との談話の際に、宗教問題に対しては行政命令の方法を用いてはならないということを再び強調しながら、宗教信徒も宗教に熱狂的にならないよう指摘した。すなわち、「宗教に対しては、行政命令の方法を用いることができない。しかし、宗教方面も熱狂的になってはならない。さもなくば、社会主義に、人民の利益に違反する[23]」。このように、鄧小平は、宗教問題に対し、唯物弁証

法に即し、過度に「左」に傾斜してはならず、また成るがままに任せることもできないと指摘しているのである[24]。これは「反面否定」の方式で、宗教と社会主義社会との間における相互適応の必要性および意義を強調したものである[25]。行政命令の方法で宗教問題の解決を求めてはならないことは、毛沢東の宗教観とも一脈相通ずるものがある。すなわち毛沢東は、1953年3月8日、ダライラマに送った書簡の中で、「人民が依然として宗教を信仰する限り、宗教を人為的に廃止あるいは破壊してはならず、かつ不可能である」と指摘している。また1957年2月27日に発表した『人民内部の矛盾を正しく処理する問題について』においても、「行政命令の方法を使用しようとする試みや、強制的な方法で思想の問題を解決し、問題の是非を問うことは、効力がないばかりか、有害である。我々は行政命令を利用して宗教を消滅することはできず、人々が宗教を信仰しないように強制することもできない[26]」と強調しているのである。

(8) 1981年12月12日、鄧小平は、イタリアのカトリック民主党副書記、伊中経済文化交流協会主席維托里諾・科隆博と会見する際に、次のように指摘した。すなわち、「ここに二つの問題がある。まずは、バチカンと台湾との関係の問題である。もしバチカンがこの問題を解決して一つの中国を承認するならば、我らはバチカンとの関係を樹立することができる。次に、バチカンは、必ず、中国天主教愛国会における教会の独立・自主、自伝、自弁政策を尊重しなければならない。これは、中国の歴史的条件の下で、必然的に提起しなければならない政策なのである。過去に帝国主義が中国を侵略するに当たって、教会は一つの重要な手段であった[27]」。ここからも、過去にあ

---

23) 中共中央文献研究室編『邓小平思想年譜』(1975-1997) 北京：中央文献出版社、2011年、167頁。
24) 龚学增「邓小平理论与中国社会主义初级阶段的宗教问题：为纪念中共十一届三中全会20周年而作」理论与探索、1998年、第4期、3頁。
25) 曾传辉「邓小平的宗教观」世界宗教研究、2014年、第4期、13頁。
26) 『建国以来毛泽东文稿』(第6冊) 北京：中央文献出版社、1992年、321頁。
27) 中共中央文献研究室編『邓小平思想年譜』(1975-1997) 北京：中央文献出版社、1998年、210頁。

った「宗教植民地主義」または「宗教帝国主義」のやり方の再発可能性を危惧し、それを中国教会の「三自」の原則を以て阻止しようとする鄧小平の意図が覗き見られよう。

3-2. 鄧小平個人の発言以外のその他の公式文書

　中国共産党第 11 期 3 中全会（1978 年 12 月 18 日 – 22 日）以降、鄧小平の積極的な指導の下で党の第二代国家指導集団が研究・発表した宗教および宗教問題に関する基本的な観点や原則、並びに宗教および宗教問題について党と政府および関係部門の名義で発表された法律・法規・方針・政策・条例・通知等の中で、最も代表的なものとしては、一般に以下の 3 点が挙げられている。すなわち、①『建国以来党の若干の歴史問題に関する決議』（1981 年）、②『我が国の社会主義の時期における宗教問題の基本的観点及び基本的政策について』（1982 年）、③『中華人民共和国憲法』第 36 条（1982 年）[28]。このほかにも、中共第 11 期 3 中全会以降公布された宗教問題や宗教事務に関する公式文書は数多く存在するが、ここでは、これらの 3 点を含むその他のいくつかの重要な文書の内容を紹介・分析するに留めたい。

(1)『新しい歴史の時期における統一戦線の方針　任務』（1979 年）
　1979 年 9 月 13 日に中共中央によって批准された全国統一戦線工作会議文書『新しい歴史の時期における統一戦線の方針・任務』は、宗教問題について次のように指摘している。すなわち「宗教信仰の自由の政策は、わが党が群衆の宗教信仰を正確に処理する一つの根本的な政策である……。我らは必ず確固たる態度を以て、種々様々な困難を大いに克服し、中央の方針・政策をまじめに貫徹し、信教群衆が宗教生活を営むために必要な場所、用品および宗教活動を主宰する聖職者の問題をなるべく早く解決して、信教群衆をして宗教信仰の自由に対する権利を享有できるようにしなければならない」。

---

28) 王作安、胡紹皆「邓小平对新时期宗教工作的重大贡献」理論（Research）、2004 年、第 7 期、11 頁。

(2)『宗教団体の不動産政策の実行等の問題に関する報告』(1980年)

　1980年7月3日に国務院が批准した『宗教団体の不動産政策の実行等の問題に関する報告』は、文化大革命の期間中に宗教団体が蒙った財産上の被害を補填する問題につき、次のように指摘している。すなわち、「宗教団体の不動産政策を実行するのは、わが国の天主教、キリスト教における独立・自主の方針の貫徹に有利であり、外国宗教勢力の浸透に対して闘争するのに有利であり、宗教団体の自養と宗教職業者の経済生活の問題を解決する適切な方法である。したがってこの作業については、政治的に着眼して特殊問題として扱わなければならない」。宗教団体の不動産の問題は、次のような方法によって解決される。すなわち、「宗教団体の不動産に対する財産権のすべてを宗教団体に返却し、返却できないものは、当然、金銭に換算して払わなければならない。文化大革命以降払わなかった使用料・賃貸料は、当然、国家の関係規定に基づいて、実事求是的に決算しなければならない。……文化大革命の時期に占用された教会堂、寺院、道教寺院およびその附属建物で、対内外的な業務のために引き続き解放する必要のあるものは、当然、各宗教が使用できるように返却しなければならない。文化大革命の期間中に、各宗教団体の凍結された貯金は、現地の財政部門が返却し、その他の事業体によって流用されたものは、当然に償還しなければならない」。この『報告』は、単なる方針・政策のレベルに留まらず、問題の解決策を具体的に提示している点に、その意義があろう。

(3)『建国以来党の若干の歴史問題に関する決議』(1981年)

　1981年6月27日に開催された中共第11期中央委員会第6次全体会議において採択された『建国以来党の若干の歴史問題に関する決議』は、鄧小平の直接的な指導の下で作成された極めて重要な文書である。3万4千字を超えるこの長い『決議』において、中国共産党は、その成立以降経てきた紆余曲折を総合的にまとめ、党の指導思想・路線問題の混乱を収拾して正常な状態に取り戻すべく指摘している。この『決議』は、宗教問題についても次のように若干触れている。すなわち、「引き続き宗教信仰の自由の政策を貫徹して執行しなければならない。四つの基本原則の堅持は、決して宗教信徒に

彼らの宗教・信仰を放棄することを要求するのではなく、彼らにマルクス・レーニン主義、毛沢東思想に反対する宣伝を進行してはならないことを要求し、宗教は政治と教育に関与してはならないことを要求するのである」。ここにいう「四つの基本原則」とは、中国憲法の前文に定められている中国が堅持していくべき国家最高の原則で、①中国共産党の指導の堅持、②マルクス・レーニン主義、毛沢東思想、鄧小平理論と「三つの代表」の重要な思想の堅持（「『三つの代表』の重要な思想」は、2004年に行われた憲法改正の際に追加された）、③社会主義の道の堅持、並びに④人民民主独裁（原文は、「人民民主専政」[29]）の堅持をいう。

　この『決議』は、鄧小平の宗教問題についての考え方を正確に概括している。宗教・信仰の自由の政策を実行すべきことを明らかにし、社会主義建設の根幹としての「四つの基本原則」を堅持すべきこと、並びに信教の自由と政治との関係を解明しているのである[30]。

(4)『わが国の社会主義の時期における宗教問題の基本的観点および基本的政策について』(1982年)

　中共中央書記処は、1980年12月8日、鄧小平の指示の下で、中共中央統一宣伝部と国務院宗教事務局から宗教問題に関する報告を受けた。引き続き12月10日には宗教事務に関する会議を開いて、中央統一戦線部の責任の下で中国共産党の宗教問題に対する方針・政策を総括する文書を起草することを決定した。

　この任務は、時の中共中央総書記胡耀邦による直接的な主宰・指示の下で展開された。中央書記処の決定に基づいて、中央統一戦線部、国務院宗教事

---

29) 日本語版の中国憲法には、一般に「民主主義独裁」と翻訳されているが、原文は「人民民主専政」である。もともと中国語の「専政」はプラス義をもつ単語（褒義詞）であるが、「独裁」はマイナス義をもつ単語（貶義詞）である。日本語の「独裁」もマイナス義をもつが、プラス義としての「専政」に当たる日本語は見当たらない。金永完『中国における「一国二制度」とその法的展開——香港・マカオ・台湾問題と中国の統合』東京：国際書院、2011年、265、267、271、321頁を参考されたい。
30) 王作安、胡紹皆「邓小平对新时期宗教工作的重大贡献」理論（Research）、2004年、第7期、11頁。

務局、中国社会科学院等は、文書を起草するために必要な宗教政策、宗教の状況、宗教理論に関する様々な資料を収集・分析し、『わが国の社会主義の時期における宗教問題の基本的観点および基本的政策について』を起草した。起草過程では、党内外の数多くの人々の意見が広く反映された。遂にこの文書は、1982年3月、1982年中共中央『19号文書』として公布された[31]。

　宗教問題につき一万千余字の膨大な内容が記されている1982年中共中央『19号文書』は、12の部分から成っている。その中で、比較的「特徴的」と思われる内容を圧縮してまとめてみよう。

　①社会主義社会においては、搾取制度や搾取階級の消滅にしたがって、宗教の存在する階級的根源はすでに基本的に消失したにもかかわらず、人々の意識の発展は、常に社会的存在に立ち遅れ、旧社会から残された旧思想・旧習慣は短期間に徹底的に解除することはできない。人類の歴史において、宗教は、結局のところ消滅するべきものであるが、社会主義、共産主義の長期的な発展を経て、一切の客観的な条件が整えられたときに、初めて自然に消滅することになる。社会主義の条件の下における宗教問題の長期性について、全党の同志は必ず十分かつ冷静な認識をもっていなければならない。社会主義制度の成立と経済・文化の発展にしたがって、宗教は直ちに消滅してしまうという考え方は、現実的ではない。このような認識は行政命令またはその他の強制的な手段によって、宗教を一挙に消滅できるという考え方とやり方であり、マルクス主義の宗教問題に関する基本的な観点に違反しており、完全に誤った極めて有害なものである。

　②宗教問題上の矛盾は、すでに人民内部の矛盾に属するとはいえ、宗教問題は依然として長期性、群衆性並びに民族性をもっており、一定の階級闘争や外国からの影響を受けているので、これに対する適切な解決は、国家の安定と民族の団結、外国敵対勢力の浸透の防止並びに社会主義的物質文明と精神文明の建設のためにないがしろにできない重要な意義をもつ。

　③教会の中の帝国主義勢力を一掃し、教会の独立・自主、自弁と「三自」

---

31) 龔学増「邓小平与中国特色社会主义宗教理论的创立」中国民族報、2014年8月19日、第007版、宗教期刊・综合、3頁。

（自伝、自治、自養）の方針を推進すべきであり、文化大革命の時期に林彪と江青を中心とする反革命集団の「左」の誤ったやり方によって蹂躙されたマルクス・レーニン主義、毛沢東思想の宗教問題に対する科学的な理論と党の宗教政策を、本来の軌道に乗せなければならない。

④宗教・信仰の自由の尊重と保護は、党の長期的な基本政策で、将来において宗教が自然に消滅するときまで貫徹・執行していかなければならない。政治と宗教は分離で、宗教・信仰を強要してはならず、宗教は社会主義制度、国家統一、民族団結を破壊してはならない。

⑤マルクス主義と有神論は対立的である。しかし政治的には、マルクス主義者と愛国的な宗教信徒は、むしろ社会主義現代化の建設のために奮闘する愛国統一戦線を結成することができ、またこれを必ず結成しなければならない。

⑥破壊された宗教活動の場所を修理することによって、宗教活動の正常化のための物質的な要件を整える。宗教活動の場所における無神論の宣伝、宗教信徒の宗教活動以外の場所における有神論の宣伝、宗教関係ビラの配布、並びに政府主管部門の批准を得ないで行う宗教書籍の出版・発行は許されない。

⑦愛国的な宗教団体の作用を発揮させなければならない。すべての愛国的な宗教団体は、当然、党と政府の指導を受けなければならず、宗教団体の抱えている問題は、彼らが自らその問題を解決するように支持や援助をすべきであって、党と政府の幹部が宗教団体の代わりにそれを解決してはならない。

⑧愛国的な青年宗教者を計画的に養成し、彼らの愛国主義と社会主義に対する覚悟や文化水準・宗教的教養を高め、彼らが党の宗教政策を確実に執行するようにしなければならない。

⑨党の宗教・信仰の自由の政策は、当然、共産党員も自由に宗教を信奉してもよいというわけではない。党の宗教・信仰の自由の政策は、国民に対して適用されるものであって、共産党員には適用されるわけではない。共産党員は一般の国民とは異なり、またマルクス主義政党のメンバーであるため、疑問の余地もなく無神論者でなければならず、有神論者であってはならな

い。共産党員は宗教を信仰してはならず、宗教活動に参加してもならず、もしこれを長い間改善しなければ脱党を勧める。

⑩すべての正常な宗教活動は保護すると同時に、宗教の服を着て行う犯罪行為、反革命的破壊活動、国家利益を脅かす迷信活動等の宗教活動の範疇に属さない様々な活動は許可せず、制裁を加える。

⑪国際的な宗教反動勢力、特にローマ法王庁とキリスト教の帝国主義的宗教勢力の浸透活動を阻止する。外国宗教団体の中国における布教、宗教宣伝、資料の秘密搬入および配布を禁じ、巨額の献金や布施は、それがたとえ純粋な宗教的熱情に属し、如何なる条件も付されていなくても、依然として、省、市、自治区の人民政府または中央の主管部門の批准を得なければ、それを受領することができない。

⑫マルクス主義の哲学を以て有神論を含む唯心論を批判し、人民群衆、特に多くの青年に無神論を含む唯物論的弁証論と唯物史観の科学的な世界観を教育する。社会主義的物質文明および精神文明の発展に伴い、宗教を存在させる社会的・認識的根源は徐々に除去されてしまうことになる。そのときには、中国人民は、中国というこの土地の上において、如何なる貧困、愚昧および精神的な空虚の状態からも徹底的に抜け出ることができ、自覚的に科学的な態度を以て世界を、人生を扱うことができ、二度と幻の神の世界に向けて精神的な頼りを求める必要はなくなり、現実の世界における様々な宗教は、最終的には消滅することになる。全党は、このような輝かしい将来の希望のために、代々努力・奮闘しなければならない。

上記①から⑫は、1982年中共中央『19号文書』の中で「特徴的」と思われる内容を抜粋・要約したものである。「特徴的」と言っても、マルクス・レーニン主義と無神論が支配する社会に住む人々の目で見れば、これは極めて当たり前のことにすぎないであろう。実際に、多くの中国人研究者がまとめている内容を見れば、『19号文書』は①宗教について新しい定義を行い、②宗教は長期的に存在していくだろうからそれを正しく処理する必要があり、③宗教問題上の矛盾は人民内部の矛盾に属し（したがって宗教信徒は、社会主義制度を擁護する人民によって敵対視されるべき対象ではなく、むしろ社会主義制度の中に包摂されることになる）、④宗教問題や宗教事務に対

しては行政命令を使用してはならない、といった具合である。もちろん、この文書に対する批判的な内容は皆無である。しかし、社会主義国家以外の場所に住む人々の目には、この文書の内容に内在されている批判的要素が見えてくるはずであろう。

　いずれにせよ、1982年中共中央『19号文書』は、毛沢東を中心とする党の第一代中央指導集団のマルクス主義の宗教観を全面的に回復・発展させることによって、社会主義の時期における宗教問題に対する基本的な観点や基本政策を総合的・体系的にまとめたもので、中国共産党の社会主義の時期における宗教問題に対する新しい認識であり、マルクス主義の宗教観の中国における「創新」的な発展であると評価されている。また、マルクス主義の宗教観に基づいて長期間にわたって形成された「宗教＝人民のアヘン」という極めて一面的な認識を否定し、豊富な内容をもつマルクス主義の宗教観の本来の面目を回復したとも評価されている[32]。1982年中共中央『19号文書』は、マルクス主義からすれば「非科学的」に見られる宗教について、「科学的な」分析を加えているとはいえ、次のような指摘は免れえないであろう。まず、宗教と迷信とを区別してはいるものの、実際には両者をほぼ同じ範疇に入れて論じている。次に、宗教・信仰の自由を保障するにしても、それはあくまでも「宗教消滅論」を前提にしたものである。第三に、「政教分離」を強調してはいるが、その本質は「政治一元論にすぎず、依然として極めて濃厚な政治的な色彩を帯びている。これには、当時の中国社会の雰囲気や時代思潮の影響の下に、必ずマルクス主義の思想的枠組みの中でしか物事を論じえない厳しい現実が反映されており、これはある意味では、「鄧小平理論の宗教観」に潜む限界といえるかもしれない。

　宗教問題に関する『19号文書』の影響力は極めて大きく、その方針や内容に基づいて多くの文書が制定・公布されるに至った。すなわち、①1982年12月4日第5期全国人民大会第5次会議で採択された『中華人民共和国憲法』第36条、②中共中央『精神的汚染を除去する中で宗教問題を正確に

---

[32] 龔学増「邓小平与中国特色社会主义宗教理论的创立」中国民族報、2014年8月19日　第007版、宗教期刊・综合、3-4頁。

扱う問題に関する指示』（1983年12月31日）、③中共中央統一戦線部『全国統一戦線理論会議の状況に関する報告』の中の「統一戦線の研究と民族、宗教問題の重視の部分」（1985年6月9日）、④中共中央事務庁、国務院事務庁が中央事務庁調査グループに転送した『党の宗教政策の実行および関連問題に関する調査報告』の通知（1985年12月29日）、⑤1986年4月12日第6期全国人民大会第4次会議で採択された『中華人民共和国民法通則』第72条、⑥「党の各民族愛国宗教界との統一戦線を固めて拡大せよ」（中共中央『統一戦線工作を強めることに関する通知』の一部分、1990年）、⑦中共中央組織部の『共産党員が宗教を信仰する問題の適切な解決に関する通知』（1991年）、⑧国務院の『中華人民共和国国内における外国人の宗教管理規定』および『宗教活動の場所の管理に関する条例』（1994年）等、枚挙にいとまがない。

(5) 1982年憲法

1980年8月18日、鄧小平は『党と国家指導制度の改革』という談話の中で、「（中共）中央は、第5期人民大会第3次会議において憲法の改正を提案しようとする。我らの憲法が一層完備され、周密・正確なものになるようにし、人民が真正に国家の各級組織と各企業の事業を管理する権力を実際に享有できるように保障し、公民の権利を十分に享有できるようにし、各少数民族が集まって居住する地域で真の意味の民族地域自治を実行できるようにしなければならない……[33]」と述べた。1980年8月、全国人民大会第5期会議では中共中央の提案を受け入れ、憲法を改正することを決定し、憲法改正委員会を成立させた。その後、1982年4月、憲法改正草案は全国人民大会において通過されると同時に議論に付され、同年12月に開催された全国人民大会第5期第5次会議において正式に採択・公布されるに至った。1982年憲法（現行憲法）第36条には、次のように定められている。すなわち、「①中華人民共和国公民は、宗教信仰の自由を有する。②如何なる国家機関、

---

33) 中共中央文献編輯委員会編「党和国家領導制度的改革」『邓小平文选』（第2巻）北京：人民出版社、1983年、339頁。

社会団体または個人も、公民に宗教の信仰または不信仰を強制してはならず、宗教を信仰する公民と宗教を信仰しない公民とを差別してはならない。③国家は、正常な宗教活動を保護する。何人も、宗教を利用して、社会秩序を破壊し、公民の身体・健康を損ない、または国家の教育制度を妨害する活動を行ってはならない。④宗教団体および宗教事務は、外国勢力の支配を受けない」。

1982年憲法の上記の規定は、中華人民共和国成立以来の『共同綱領』および歴代憲法（1954年憲法、1975年憲法、1978年憲法）における宗教信仰に関する規定に比べて、以下のような特徴をもっている。

第一に、1982年憲法は、過去の憲法に定められた宗教に関する規定を回復・発展させ、一層明確で具体的な内容を定めている。中華人民政治協商会議第1期全体会議において「臨時憲法」として制定された『中華人民政治協商会議共同綱領』（1949）には、「中華人民共和国の人民は、思想、言論、出版、集会、結社、通信、人身、居住、移転、宗教・信仰及び示威・行進の自由を有する」と、ほかの自由権的基本権に並んで、宗教・信仰の自由も定められている。一方、中華人民共和国の最初の憲法である1954年憲法は、「中華人民共和国の公民は、宗教・信仰の自由を有する」と定め、『共同綱領』とは違って、宗教・信仰の自由に関する独立した規定を設けている。しかし、1976年憲法（第28条）と1978年憲法（第46条）には、「公民は宗教を信仰する自由と宗教を信仰せず無神論を宣伝する自由をもつ」（傍点筆者）という規定が設けられている。

1982年憲法は、『共同綱領』における関係規定を一層具体化し、1975年憲法および1978年憲法に定められている「宗教を信仰せず無神論を宣伝する自由をもつ」という文言を削除した。なぜならば、もともと宗教・信仰の自由には、宗教を信仰する自由と信仰しない自由とが同時に含まれているからである。このようにして、1982年憲法は、宗教界の人士と多くの宗教信徒によって、一層容易に受け入れられるようになったのである。

第二に、1982年憲法第36条には第2項が増設され、「行政命令の方法を以て宗教を扱ってはならない」という鄧小平の持論が貫徹されている。また「宗教を信仰する人々」が、マルクス主義の唯物論的宗教観によって洗脳さ

れた「宗教を信仰しない人々」から差別を受けることはなくなった。

　第三に、宗教は国家の教育制度に関与してはならないと定め、人民に対する国家のイデオロギー教育のための憲法的妥当性を提供している。また宗教の名の下に、社会秩序を破壊し、公民の身体・健康を損なってはならないと定め、様々な迷信や邪教に幻惑されないよう要請している。上記の内容を含め、国家の方針・政策に抵触するその他の宗教活動は、関係法律によって責任が問われることになる。正常な宗教活動だけが保護されるためである。

　第四に、第4項は「宗教団体および宗教事務は、外国勢力の支配を受けない」ことを明らかにしている。この規定にも、鄧小平が一貫して主張してきた宗教事務に対する考え方がそのまま反映されている。前述の通り、鄧小平は、1979年訪米の際にジーミー・カーター大統領にも、1981年12月12日、イタリアカトリック民主党副書記、伊中経済文化交流協会主席維托里諾・科隆博と会見する際にも、この趣旨の発言を行ったことがある。また鄧小平の指導の下で作成された『19号文書』にも、「中国の宗教界は、各国の宗教界の人士と友好交流をすることができ、またそれを行わなければならないが、必ず教会における独立・自主、自弁という原則を堅持しなければならず、外国勢力が再び中国の教会を自分の支配下に置こうとする企みを阻止し、外国の教会や宗教界の人士が手を出して中国の宗教事務に関与するのは、断固として拒絶しなければならない」と記されている。もちろん、この趣旨の内容は、このほかの様々な公式文書にも散在している。中国憲法第36条第4項には、こうした鄧小平の原則的な立場が概括的に定められている。王作安と胡紹皆が指摘しているように、中国憲法第36条は、新しい時期における党の宗教に対する政策を、人民の意志と国家意志のレベルに引き上げ、宗教・信仰の自由の権威性、規範性のための憲法的根拠を提供している。また2004年、全国人民大会第10期第2次会議において採択された憲法改正案は、第36条に対して如何なる変更も加えなかった。これは、鄧小平の指導の下で改正された1982年憲法第36条の内容の妥当性および生命力を表している[34]。

---

34) 王作安、胡紹皆「邓小平对新时期宗教工作的重大贡献」理论（Research）、2004年、第7期、13頁。

また『民族区域自治法』(1984年)、『民法通則』(1986年)、『人民法院組織法』(1979年制定、1983年改正)および『全国人民代表大会および地方各級人民代表大会選挙法』(1979年制定、1982年・1986年改正)、『香港特別行政区基本法』(1990年)、国務院の『中華人民共和国国内における外国人の宗教管理規定』および『宗教活動の場所の管理に関する条例』(1994年)等は、宗教問題に関する事柄につき、中国憲法第36条の内容に合致する形で、一層具体的な規定を設けている。この中で『香港特別行政区基本法』(1990年)は、鄧小平の「一国二制度」の方針・政策に基づいて制定され、宗教に関する規定も少なからず設けられている。以下、その条文の内容を紹介しておこう。

(6)『香港特別行政区基本法』
　1990年4月4日第7期全国人民代表大会第3次会議において採択され、香港返還日の1997年7月1日を期して施行された『中華人民共和国香港特別行政区基本法』には、宗教・信仰の自由について以下のような規定が設けられている。すなわち、「香港住民は、信仰の自由を有する。香港住民は宗教・信仰の自由を有し、公開的に宗教を布教および挙行し、宗教活動に参加する自由を有する」(第32条)。「宗教組織が設立した学校は、宗教課程の開設を含め、引き続き宗教教育を提供する」(第137条)。「香港特別行政区政府は、宗教・信仰の自由を制限せず、宗教組織の内部事務に関与せず、香港特別行政区の法律に抵触しない宗教活動を制限しない。宗教組織は法の定めるところにより、財産の取得、使用、処分、相続および物質的な援助を受ける権利を享有する。財産分野におけるもとからの権益は、依然として保持と保護を与える。宗教組織は、もとからの方法によって、引き続き宗教学校、その他の学校、病院と福祉機関を興し、並びにその他の社会サービスを提供する。香港特別行政区の宗教組織と信徒は、その他の地方の宗教組織および信徒と関係を保持および発展させることができる」(第141条)。「香港特別行政区の教育・科学・技術・文化・芸術・体育・専門業務・医療と衛生・労働・社会福祉・社会業務等の分野における民間団体および宗教組織の中国内地におけるそれに相応する団体および組織との関係は、相互不隷属、相互不

干渉および相互尊重の原則を基礎としなければならない」（第 148 条）。「香港特別行政区の教育・科学・技術・文化・芸術・体育・専門業務・医療と衛生・労働・社会福祉・社会業務等の分野における民間団体および宗教組織は、世界各国、各地域および国際的に関係のある団体および組織と関係を保持および発展させることができ、これらの団体および組織は、必要に応じて『中国・香港』の名義を使用して関係活動に参加することができる」（第 149 条）。

　宗教問題および宗教事務に関する上記の諸規定には、「鄧小平理論の宗教観」が反映されている。またこれらの規定は、鄧小平の「一国二制度」構想の主要な内容としての「港人治港」、「高度の自治」の思想の党内における具体的な体現であり、マルクス主義や毛沢東思想の宗教観の継承・発展ということができる[35]。鄧小平は香港の祖国への「回帰」を目撃せず亡くなったが、生前制定された『香港特別行政区基本法』には、香港住民の宗教・信仰の自由の保障に対する彼の意志が強く反映されている。

おわりに

　以上、鄧小平の発言およびその他の公式文書の内容から、「鄧小平理論の宗教観」について分析を行った。鄧小平本人が宗教問題について直接述べた発言は決して多くはないが、彼の指導や指示によって作成・発表された宗教問題に関する様々な公式文書は、鄧小平個人の発言と有機的統一体として、「鄧小平理論の宗教観」の重要な構成部分を成しているのである。これをもう一度中国的特色をもった言い回しで表現すれば、「鄧小平理論の宗教問題や宗教事務についての言及は、党が改革・開放の状況の下で、マルクス・レーニン主義、毛沢東思想の宗教に関する科学的な理論および方針・政策の継承・発展として、鄧小平を核心とする党の第二代指導集団のマルクス主義宗

---

35) 于洪礼、王训礼「邓小平理论宗教观的产生于发展」理论学习、2004 年、第 12 期、58 頁。

教観の基本原理に対する創造的な運用と豊富な発展を体現し、中国的特色をもった宗教理論をつくり出した鄧小平理論の重要な構成部分である[36]。」ここにいう「中国的特色をもった社会主義の宗教理論」は、共産党がマルクス主義の宗教に関する基本理論と、現代中国における宗教の実際の時代的特徴とを相互結合した産物で、鄧小平理論、『三つの代表』の重要な思想、科学的発展観に基づく宗教に関する基本的な観点および基本政策についての簡潔な概括で、マルクス・レーニン主義、毛沢東思想の宗教に関する科学的な理論および方針・政策に対する堅持と発展であり、マルクス主義の宗教観の中国化の結晶であり、中国的特色をもった社会主義の理論体系の構成部分である[37]。

このように「鄧小平理論の宗教観」は、マルクス主義の宗教観、毛沢東思想の宗教観と一脈相通ずる統一的な科学体系の中にある。いわゆる「統一的な科学体系」とは、唯物弁証法、唯物史観および方法論を指導原理とし、宗教と宗教問題をどのように科学的に認識し、正確に処理すべきかということについての一連の基本的な観点、原則と方法の総和をいう。いわゆる「一脈相通ずること」の「一脈」の実質はマルクス主義の立場、観点および方法であり、その真髄はマルクス主義の「解放思想」、「実事求是」であり、その品格はマルクス主義の「時代と共に発展すること」と「自己更新」であり、この原則は、皆、マルクス主義の基本原理と宗教問題との結合であり、その利益的基礎は全体の人民階級と各民族・人民の共同利益である[38]。

上記の内容をまとめて分析すれば、宗教が政治に関与しない限りにおいて、国民の宗教・信仰の自由について憲法のレベルで保障を与えようとする鄧小平の思想的な根拠は、マルクス主義理論に基づいた「解放思想」と「実事求是」に由来するということができる。またこのような極めて現実的かつ科学的な理論は、死後の世界における救いではなく、中国人民の現実生活の面と党の利益、ひいては人民全体の利益や国家利益の追求に向けられてい

---

36) 王作安「邓小平对中国特色社会主义宗教理论的开创之功」1頁。
37) 王作安、同上、8頁。
38) 于洪文、王训礼「邓小平理论宗教观的产生于发展」理论学习、2004年、第12期、58頁。

る。そのためには、様々な異なる宗教を信仰している各少数民族をマルクス主義の宗教観の下に包摂することによって、統一戦線を結成し、民族大団結を実現しなければならず、また人民全体の経済的な利益を高めるためには、「実事求是」的に「社会主義現代化」を貫徹しなければならないのである。

　それでは、「四つの現代化」（農業・工業・国防・科学技術の分野における現代化）に要約される「社会主義の現代化」は、宗教問題や宗教事務の解決と如何なる関係にあるのであろうか。中国は多民族・多宗教の国家である。「社会主義の現代化」を推進するためには、少数民族の力をも借りなければならない。上述のように、中華民族が共通に追求する国家利益を実現するためには、宗教を信仰しない人々と宗教信徒との間で愛国統一戦線を形成しなければならないのである。したがって、宗教問題を正確に扱って処理することは、「社会主義の現代化」の建設のためにないがしろにできない重要な課題の一つなのである。

　国家の現代化建設事業の視野に宗教信徒を入れて思考する理由としては、以下のようなものが挙げられよう。まず、中国の多くの宗教は、世界的な宗教であるため、宗教界との団結を強めることによって、現代化建設のために有利な国際的環境を醸成することができる。次に、宗教界の人士と多くの信徒の力を団結・凝集すれば、一層大きな力で現代化建設を展開させることができる。第三に、宗教信仰の自由を保障することによって、社会における正常な生産生活を維持・保護することができ、現代化建設のための安定的で調和の取れた国内環境をつくり出すことができる。第四に、宗教の歴史・文化遺産を保護・利用でき、また新しい歴史の時期において、それをさらによく継承し、発展させることができる。最後に、中国において宗教は民族問題と錯綜しているため、宗教問題をうまく扱えば、民族団結および少数民族地区の政治的安定と国家の安全に有利に作用する[39]。

　このようなやり方は、鄧小平が唯物史観を運用し、宗教を一つのイデオロギーとしてだけではなく、国家や人民の利益に関わる一種の社会歴史の客観的現状と見なす認識に由来する。宗教問題に関する鄧小平の理論は、「国家

---

39) 张红扬「邓小平关于宗教问题的思考」中国特色社会主义研究、2004年6月、73頁。

利益」のためにつくり出した宗教政策を貫徹・執行し、宗教界の人士を団結・凝集し、多くの信徒群衆の愛国的熱情を燃え立たせ、人民の注意力を現代化された強国の建設という共通の目標に集中させているという点で、極めて重要な現実的な意義があるといえよう[40]。「鄧小平理論の宗教観」は、マルクス主義や毛沢東理論、党の路線等といったイデオロギーと同一線上にあるため、これを終始一貫して貫徹していけばいくほど、社会主義社会では極めて偉大な業績として褒め称えられるであろう。他方、それは複雑な宗教的現象と問題を特定のイデオロギーの枠組みの中に限定してしまう「弱点」も秘めているのである。いずれにせよ、「鄧小平理論の宗教観」の優れた点は、それに極めて深奥な哲学的内容や思想的体系が備えられているからというよりも、彼の「警句的な」発言やその理論が標榜する原則に徹底し、それを社会的現実において不断なく運用・実践してきた事実にあるといわなければならない。鄧小平は文化大革命を通じて強められた「極左」の思想的傾向に対し、書籍を迷信せず、権威を迷信せず、実践こそが真理を検証できる唯一の尺度であると指摘し、自ら真理の検証のために実践に実践を重ねているのである。

---

40) 张红扬、同上、74頁。

第 11 章

トラウマ理解と平和構築
―― 東アジアにおける歴史的トラウマの克服 ――

Jeffrey Mensendiek
（関西学院大学神学部准教授、宗教主事）

目的

　私がトラウマというものに興味をもつようになったきっかけは東日本大震災を経験したことだった。災害によって翻弄される社会や人間関係の中で、私もまた自らの内に深い傷を負った。震災から2年が経過したころ、知人の紹介でアメリカのとあるセミナーに参加した。それは「STAR Program」という、トラウマ理解を基本とする平和構築方法論を学ぶセミナーであった。参加者は世界各地から集まっていた。アフガニスタン人の女性医師、インド人のNGO代表、セルビアの紛争地域で働くドイツ人女性、ブラジルのバプテスト教会牧師、イランの学者、カリフォルニアの貧困地域で青年たちに仕えてきたソーシャルワーカーなど。参加者13名はそれぞれ深刻な状況の中でトラウマ経験者に接し、あるいは自らがトラウマを内在化してきた人たちであった。5日間のセミナーを通して私たちは暴力が生み出す負のスパイラルの仕組みを理解し、そこから新たな平和の道を見出す方法を学んだ。本章の目的は「スター・モデル」と呼ばれるようになったSTARプログラムの方法論を紹介することにある。願わくは、東アジアの文脈の中で問題となっている歴史的トラウマと向き合うヒントとしたい。

1. STAR プログラム

2001年にアメリカで起きた同時多発テロ事件直後、三つの教会組織[1]のトップが連絡を取り合った。彼らはこの出来事を通してさらなる暴力が生み出されていくことを予感し、暴力の連鎖を断ち切る方法論の必要性を感じていた。そこで、バージニア州にある Eastern Mennonite University の Center for Justice and Peacebuilding Studies[2] を拠点として、手探り状況の中から徐々に生み出されていったのが STAR プログラムである。正式名称（Strategies for Trauma Awareness and Resilience）の四つの頭文字を取って STAR と名づけられた。トラウマ理解を糸口として、人間の回復力を高め平和を作り出すツールを学ぶことを目標としたプログラムである。

このプログラムの特徴の一つはその多角的アプローチにある。神経生物学をはじめ、心理学、修復的司法、紛争変革学、人間の安全保障、霊性など、様々な学問的背景をもつ専門家が力を合わせている。現在、STAR プログラ

会場となった Eastern Mennonite University の施設

---

1) 協働した三つの組織はメノナイト教会の世界宣教部門（Mennonite Central Committee）、米国合同教会（United Church of Christ）、そしてチャーチ・ワールド・サービス（Church World Service）。
2) 東メノナイト大学のサイト：〈www.emu.edu/cjp/star/〉

ムの平和構築モデルは世界的に注目され、60の国や地域で7,000人を超える人がこのモデルを元にトレーニングを行っている。アメリカ国内における例としては、国防総省などがPTSDに苦しむ元兵隊への取り組みとして用いている。また中南米、ソマリア、イラクなどでのワークショップ開催や、各地のリーダーを迎えての指導者養成も行われている。ただ、東アジアにおいてはまだSTARをベースとした取り組みは広がっていないのが現状のようだ。

2. トラウマ理解

　震災直後から被災支援活動に携わっていた私は自分の体と心に異変が生じていることを自覚していた。眠れない、集中できない、周りの景色が目に入らない、予期せぬときに涙が込み上げたり、家族に辛く当たったり、また、攻撃的になったり、考えが激しくマイナスのほうに流れてしまう傾向があった。自分に何が起きているか理解できなかった。

　STARプログラムはTrauma Awareness（トラウマ認識）から始まる。トラウマという言葉の語源はギリシャ語の負傷（traumat）である。Awarenessという英単語は認識すること、気づくことを意味する。つまり、自らが傷を負ったこと（トラウマ）により自分の体や心に現れる変化について理解し、意識化することからプログラムは始まる。私の参加したセミナーでは、初日のセッションで次の内容に触れた。ストレスとは何か。ストレスとトラウマの違い。個人的トラウマと集団的トラウマの違い。トラウマの種類。トラウマと燃え尽き症候群の関係。トラウマが引き起こす症状。トラウマに対する誤解。戦争や貧困などの状況下で継続されるトラウマによる影響。集団的トラウマの症状など。私たちを取り巻く世界では戦争や内戦をはじめ、貧困、飢餓、テロ、自然災害、人災、家庭内暴力など、人の体と心を傷つけてしまう要因が増えているようにも思える。自分や自分の身近な者を守る意味でも、トラウマというものを理解する必要がある。神経生物学者のピーター・レビンはその著書[3]の中で、ストレスとトラウマ的ストレスの違いを区別し

てこのように述べている。「トラウマ的ストレスとは、人が危機に直面し、対応する能力が圧倒され、対応不能状態に陥ってしまうことである」。まさに、私が震災を通して経験したことを言い当てていた。

　今後の議論に関連して、トラウマ理解について紹介された二つの考え方をここで紹介しておきたい。まずは「選ばれたトラウマ」[4]という考え方だ。個人であれ、集団であれ、深く傷ついた被害者は、自分が受けたトラウマに執着し取り込むことで、自らのアイデンティティの一部とすることがある。そうすることによって、一方では癒されないトラウマを利用しつつ、自分を正当化する形で相手を攻撃して自らの欲求を満たそうとする。しかし、もう一方では自らが選んだトラウマが他者の苦しみに共感する心を閉ざしてしまう結果を招く[5]。トラウマを取り込むことは、自らの内に強固なナラティブ（物語）を作り上げることを意味し、結果、他者の物語を完全に排除してしまう。ある集団にとっての栄光や勝利の歴史が、他者の苦しみや犠牲の上に成り立っているケースが多い。このことを「選ばれた栄光」と呼ぶ。選ばれたトラウマと選ばれた栄光が全く同じ出来事を指す場合もある。このようにトラウマ経験が人や集団のエゴと密接に絡み合ってしまう仕組みを確認しておく必要がある。

　二つ目に紹介したい考え方は Post-Traumatic Growth（PTG）[6]というものである。トラウマ経験者が自らの経験を自分の人間的成長に役立てる可能性のことをいう。この場合、彼らは自らを被害者としてではなく、困難を乗り越

---

3) Levine, Peter, *Walking the Tiger,* Berkeley CA. North Atlantic Books, 1997.
4) 「選ばれたトラウマ」は STAR プログラムの参加者マニュアルに説明がある。その他、*Training to Help Traumatized Populations,* US Institute of Peace, Special December 17, 2001.
5) "The egoism of victimization"（被害者化によるエゴイズム）という言葉は個人であれ集団であれ、歴史的トラウマによって他者の苦しみに共感できない状態のことをいう。特徴としては、
　・自らの痛みの向こう側が見えない。
　・復習や仕返しをすることに対して後ろめたさを感じない。たとえば、テロにあった人がテロリストになることを可能とするなど。
6) PTG とは、人生における大きな危機的体験や非常につらく大変な出来事を経験するなかで、いろいろ心の闘い・もがきなどをふまえ、むしろ、そのつらい出来事からよい方向、成長を遂げるような方向に変化するといったことを意味する。

えた生存者として位置付ける。PTG を経験した人は、人生の優先順位が変わった、信頼できる人とより親密な心を分かち合えるようになった、喪失感の中にある人の痛みに共感するようになった、超越した存在とのつながりを深く感じるようになったなど、新しいアイデンティティに開かれた意識を見出すのである。トラウマ経験をどのように捉えてゆくのかは人それぞれであるが、ここで挙げた二つの考え方はいずれもトラウマから生まれるエネルギーの方向性を示している。どのような方向性を与えるかはトラウマ経験者自らの決断にかかっているといえる。

3. トラウマ経験

　トラウマは対立を生み、対立は暴力を生み、そして暴力はさらなるトラウマを生むのは世の常である。この負のスパイラルがわかっていても、どうして私たちはそのスパイラルから抜け出せないのだろうか？　STAR プログラムはその答えとして、人間の自己防衛本能と脳の仕組みに注目している。
　動物同様、人間は自己防衛本能で行動する生き物である。たとえば突然トラウマ的出来事に遭遇した場合、三つの反応が考えられる。戦う（fight）、逃げる（flight）、凍る（freeze）。これらは、考えるよりも先に自分を守ろうとする習性から来る。そして、それは人間の脳のしくみと深く関係している。脳は三つの部分から成り立っている（図 2）。大脳皮質は平常時に一番影響力をもつ。論理的に判断し、時の流れを把握している。その下にある大脳辺縁系は、感情や記憶をつかさどり、危機的な状況になったときに警鐘を鳴らしてくれる。そして、一番下にあるのが脳幹とよばれる本能的な脳である。すべてが「今」という時の中で自分を守る役割をもつ。体への変化（緊張や息遣いの変化など）も自動的に脳幹から発信されるシグナルによるものである。さて、危機に直面したときに、私たちの冷静な脳（大脳皮質）は、保留状態におかれ、警鐘を鳴らす脳（大脳辺縁系）と自己防衛の本能（脳幹）が始動する。つまり、危機的な状況にある人が、自らの平常時の価値観や論理的な考え方に反するような行動に出ることがある理由はここにあると

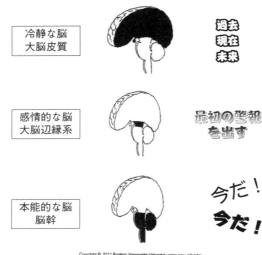

図2　脳のしくみ

いえる。（図2）

　人間の脳の研究から見えてきた事実として大変興味深いものがある。それは、身体的暴力（殴る、蹴るなど）を受けた場合も、精神的暴力（悪口、威圧、罵声、辱めなど）を受けた場合も、脳は同じところで、同じような衝撃として受け止めるというものだ。実際に身体的な暴力を受けていなくても、悪口や辱めによって人はその体の中にトラウマを抱えるとされる。面子を傷つけられる、侮辱される、否定されるという経験が、見えない暴力として人の体や心に影響する。そして人はトラウマを内在化するのである。

　では、ストレスやトラウマから生じたエネルギーはどこへ行くのだろうか。動物などはトラウマ的経験の直後に体を激しく震わせたり、鼻をならしたり深く息を吸ったりして負のエネルギーを外に出すことに長けている。しかし、人間は動物と違って、ストレスやトラウマを体に溜め込んで発散しない傾向があるとレビンは指摘する[7]。その結果体と心に蓄積されたストレス

---

7) Levine, Peter and Gabor Mate, *In an Unspoken Voice : How the Body Releases Trauma and Restores Goodness.* Berkeley CA. North Atlantic Books and Lyons, CO ; ERGOS Institute Press, 2010.

が次第に私たちの行動を左右するという状況を招いてしまう。

　ストレスやトラウマから来る悪いエネルギーを体の外に出すことは重要だ。そのためにどんなことができるのか。まずは、体に注目すること。体操やヨガ、体の緊張をほぐすこと。私の参加したセミナーでは一緒にズンバを踊ったり、finger holds[8]という指を握る行為を通して精神的ストレスを和らげることを経験した。その他、深呼吸すること、笑うこと、運動すること、自然に触れること、楽しむこと、愛する人とつながることなどが例として挙げられる。すなわち、精神的快楽や体への集中を通して、体の中に蓄積されたストレスを発散するのだ。

　また人間は意味を求める存在でもある。儀式や意味作りを通しても、蓄積されたエネルギーを発散し、自らを癒すことができる。私たちはトラウマ的な出来事を経験して、振り返って問う。なぜこのことが起こったのか、と。トラウマは人生についての価値観や意味を打ち破ることがある。そのときに、自分に起こった悲劇を理解するために儀式や歌、芸術などを通して新しい意味や秩序を作り上げる必要がある。意味の喪失から新しい意味の創造へと進む。たとえば、私などは仕事柄、聖書に接することが多いが、聖書学者のデイビット・カーは「聖書はトラウマ体験から生まれた産物だ」[9]と言っている。打ちのめされた経験の中から新しい物語や意味を生み出すことで、人間は回復する力を得るのである。

　ここで図3に注目したい。これはSTARプログラムが提唱したカタツムリモデルである。真ん中の二つの丸はトラウマ経験から始まる被害者サイクルと加害者サイクルの負のスパイラルである（後で詳しく説明する）。そこから飛び出る形でもう一つの円形の線が延びているのがわかる。私たちは本能に従属しているうちは負のスパイラルから抜け出せずに、暴力の連鎖を繰り返してしまう。しかし、時として人はそのスパイラルから飛び出ることが

---

8)　"finger holds" というのは簡単にできる精神安定の方法である。それぞれの指を押さえることで人間の高まる感情を緩和する効果がある。親指（悲しみ）、人差し指（恐怖やパニック）、中指（怒り）、薬指（心配や不安）、小指（自尊心の欠如）。

9)　Carr, David, *Holy Resilience : The Bible's Traumatic Origins,* Yale University Press, 2014. p.4.

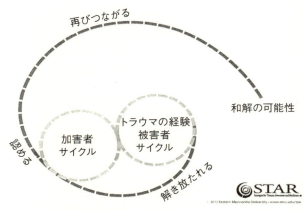

図 3　暴力のサイクルを断ち切る・レジリエンス力を高める

ある。私たちはその仕組みを理解し、もっと自覚的に人間の回復力を捉える必要がある。

4. 癒されないトラウマと暴力の連鎖

　トラウマ体験は私たちの内に負のエネルギーを生み出し、そのエネルギーが発散されずに温存されると、さらなる暴力を生み出していく。リチャード・ロア神父[10]の言葉に「変革されない痛みは転移される。」というものがある。癒されないトラウマは暴力として繰り返される。傷を負うことによって生じる暴力は、1）内に向かってアルコールや麻薬、うつ病という形で自らを苦しめるか、2）外に向かって怒りや暴言、身体的暴力となって周囲の人に影響を与える。図4は暴力の連鎖の仕組みを体系化した図である。ここには被害者サイクルと加害者サイクルが相互に結び合わされていることがわかる。癒されない暴力はさらに家庭や組織、コミュニティや国家においても繰

10）リチャード・ロアはフランシスコ会の司祭。"Center for Action and Contemplation" の代表。〈https : //cac.org/category/daily-meditations〉神秘主義の立場から祈りと霊性、社会の周縁にいる人たちへの具体的かかわりをとく。"Falling Upward" など、複数の本の著者。ネット上で「黙想の言葉」を定期的に発信していることでも知られている。

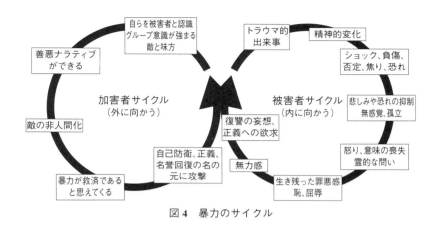

図4　暴力のサイクル

り返されてゆく。しかし、被害を受けた者がたとえ相手に復讐をしたとしても、結局のところ満たされることはない。なぜなら、復讐によって今度は自らが加害者となってしまうからだ。このようなときは、冷静な判断をする脳は保留状態におかれているため、自分の行動がかえって、自らが大切にしている価値観をも踏みにじる結果となってしまうことがある。人は復讐や暴力によって一時の快感は得るものの、さらなるトラウマエネルギーが蓄積されていく結果を招いてしまう。しかし、私たちはこの暴力の連鎖に運命づけられているのだろうか？　人間の深い苦しみを変革することはできるのか？　スター・モデルは暴力の連鎖を断ち切る人間の力、回復する力に目を注いでいる。トラウマは霊的、精神的、社会的変革（transformation）の機会として捉えることができる。

5.　暴力の連鎖を断ち切る

　レジリエンス（Resilience）という言葉は最近日本でも耳にするようになっている。特に震災からの復興という文脈の中で聞かれるようになった。この言葉は「曲がっても折れない」弾力性を意味する。立ち直る力、すぐに元気になる力、回復する力と訳すこともできる。図5のように、外部から圧力

がかけられても元に戻る力のことをいう。
"Resilience: Why Things Bounce Back" という大変興味深い本がある[11]。著者たちは自然界をはじめとして、人間が作り出す組織体や社会システムにおいて元に戻る力（レジリエンス）の比較分析をしている。さんご礁や森林、人間の体などにはレジリエンスが豊かに備わっている。同じように、人間が生み出してきた組織体にも、レジリエンス性の高い組織とそうでない組織がある。何がレジリエンス（困難に持ちこ

The ability to bend but not break
曲がるけれど折れない力
図5　Resilience（レジリエンス）

たえて元に戻る力）を促進させ、何が妨げるのか？　レジリエンス性が低い例として挙げられているのはリーマンショックを招いた金融システムや、原子力行政である。問題が起きたときに甚大な被害を与え、回復に時間がかかる。逆にレジリエンス性が高い例として挙げられているのは、スマートフォンや携帯電話が活用しているスマートグリッドや、テロ組織アルカイダである。一部分が機能不全に陥っても全体は影響を受けない柔軟性を備えもっている。

　STARプログラムの二つ目の大きな目的はレジリエンスを高めることにある。その名称にもあるように"Strategies for Resilience"（レジリエンスを高めるための戦略）を提供しているのだ。

　被害者サイクルから脱出するためにはまずいくつかの条件が整っていなければならない。身の安全、周りのサポート、リーダーシップ、そして自己決定権である。このいずれもがレジリエンスを高めるための要素だ。たとえば2015年12月、カリフォルニア州サンバーナディーノ市で起きた銃乱射事件を例にとってみよう。14人が殺害された。主犯者は「イスラム国」との関係を取りざたされていた。この出来事で地域社会は深い不安と恐怖に見舞われた。このような場合、コミュニティの中で冷静に判断して決断するリーダ

---

[11] Zolli, Andrew & Ann Marie Healy, *Resilience － Why Things Bounce Back,* Headline Publishing Group, 2012.

ーシップが求められる。行政トップ、宗教者、カウンセラー、大統領などが公な形で方向性を示すことが求められる。私の知っているサンバーナディーノ市のある教会牧師はインターネット上の声明で地域社会に呼びかけた。地域の住民が抱えている恐怖や悲しみを受け止めつつ、同じ地域に住むイスラム教の人々に手を差し伸べる道を呼びかけた。なぜなら、彼らもまた心を痛めて悲しみの中にあったからである。暴力によって分断され、被害者意識に陥り、攻撃的になる衝動が現実としてある中で、この牧師はもう一つの道を示すことができた。この場合、牧師の選ぶ力と判断力が殺伐とした場の空気をサポーティブなものへと変革したのである。また、他者へ手を差し伸べる行為は地域社会のレジリエンスを高めることにつながるといえる。

　被害者サイクルからの脱出に欠かせない二つ目の要素は「評価すること」。たとえば、相手の話に耳を傾けることや公な場で祈念することである。しかし、相手のストーリーを認めることは非常に難しい。なぜ私たちは敵対している人に向き合うことに抵抗を感じるのだろうか。それは相手のストーリーに耳を傾けることで自分が圧倒されてしまう恐れがあるからだ。リスクが大きいのだ。自分が作り上げた「真実」が崩れ、真実なるものの複雑さが浮き彫りにされるからである。しかし、相手のストーリーを認めることは、実は自分のバイアスを再認識するばかりではなく、問題の根本原因を理解することにつながる。敵の人間性を回復し、自分の被害者意識を手放すことにもつながってゆく。

　ドナ・ヒックスはその著書の中で[12]北アイルランドの紛争で対立関係にあった二人の対談を記録している。一人は20年間服役していたアイルランド解放軍（IRA）の元兵士。対するはその元兵士に撃たれて九死に一生を得たイギリス警官である。二人はその事件から20年後に、BBC（英国放送協会）のテレビ番組"Facing the Truth"で顔を合わせた。そこで二人は信頼の置けるファシリテーター（南アフリカのツツ大司教など）の前で自らのストーリーを語った。元兵士は自分の生い立ちから、閉塞感の中にあった北アイルランドの社会情勢、そして自分がなぜIRAに志願したかなどを話した。イギ

---

12) Hicks, Donna, *Dignity : Its Essential Role in Resolving Conflict,* Yale University Press, 2011, pp.177-196.

リスの警官は自分が撃たれて倒れるまでの出来事や自分の家族のことを話した。緊張した空気の中で一つの光が差したのはアイルランドの元兵士が語り終わった後だった。彼は自分の隣で友人の女性志願兵を撃ち殺された経験をもっていた。度重なるイギリス政府の一方的な政策によって自決権を奪われたアイルランド人には暴力に訴える手段しか残されていなかった。だから彼は IRA に志願し、彼は「今でもその決断を後悔していない。むしろ誇りに思っている。」と述べたのだった。イギリス警官はその話に耳を傾けつつ言った。「あなたの話を聴いていて思いました。そのような状況で育つことは相当な困難を有したと思う。自分がもし同じような境遇で育っていたら、きっと同じことをしていたと思う。」元兵士はこの言葉を受けて驚いた様子だった。そして、ここで彼の経験や苦痛が認められたことによって二人の関係は大きく動いたとヒックスは振り返っている。耳を傾け、認める行為が被害者サイクルからの解放を促すチャンスとなったのだ。

　被害者サイクルからの脱出に欠かせない三つ目の要素は「再びつながること」である。一度壊れてしまった関係を修復し、リスクを覚悟で、対立を乗り越えて変革される可能性を選ぶこと。この覚悟の中には「ゆるす」という選択肢も含まれるが、必ずしも赦しが伴わなければいけないわけではない。大事なのは新しい関係へと導かれることだ。上に記した二人の場合は、番組に出る数カ月前からそれぞれがファシリテーターやテレビ局の人と丁寧な打ち合わせを重ねていた。番組の意図を理解し、自分が当日どのようなことを言うかまでも準備していた。当日を迎える前にすでに二人は自分がどのような場に入っていくのかを知っていた。ただ、いざ相手と直面すると空気は緊張に変わった。自分に害を与えて人生を狂わせた相手が目の前に座っていたからだ。しかし、お互いのストーリーに耳を傾けるうちに次第と相手の人間性が伝わってきたのだ。

　ヒックスはこの対談の中には「魔法の瞬間がある」と言っている。それは人間性と深く結びついている。対立関係によって相手の人間性は見えなくされる。しかし、対談の中でイギリス警官は勇気を出して自分の弱さ（vulnerability）[13]をあらわにした。警官は撃たれた当日のことを振り返ったときに

---

13) 英語では人間の弱さを表すときに"vulnerability"という表現が使われる。人　↗

一瞬言葉を失い、涙を流した。隣に座っていた娘はそっと彼の腕に手を置いていた。警官には妻がおり、愛する3人の娘がいた。彼はみんなが見ている前で自分の弱さを見せた。そのとき、彼は自分の心を開いたばかりではなく、その場にいた周りの人の心をも開いた、とヒックスは言う。ヒックスはその著書の中でその瞬間を次のように振り返る。「私がこのプログラムを通して学んだ一番大きなことは、弱さのもつパワーです。魔法が起こるのは真実を自分や他者に明かすことを通して、自らが結果的に解放されることです。これは大変逆説的な意味をもちます。私たちは本能のせいで自己保存のためには嘘や隠し事が効果的手段だと考えてしまいます。自己保存の本能に支配されているとき、私たちの人生は極限の状態に置かれているかのように思えます。そのようなときに自らを傷つきやすくするのはまるで自殺行為のように思えるのです[14]」。相手のストーリーに耳を傾けることにはリスクが伴う。しかし、同時に新しい関係性へと向かわせる可能性も含んでいる。もちろん、すべての被害者がこの場合のように心を開くとは限らない。しかし、人間性によってつながりの糸口を見出せた場合には、対立関係が変化し、今までになかった関係へと変容されるのである。上記の警官と元兵士の場合、二人はお互いの家族を連れて集まり、食事を共にし、今でも親しく交流を続けている。ヒックスが紹介している実例のように、対立を乗り越えて再びつながる可能性もあるのだ。この二人の場合、一度も「赦し」という言葉は聞かれなかった。むしろ、二人はお互いの尊厳を尊重し、自らも尊厳を尊重されることを通して、新たな関係性へと踏み出したのである。

6. 歴史的トラウマを乗り越えるために

　私の参加したセミナーにフィリス・カービーという白人女性が話しに来てくれた。テーマは歴史的トラウマ。彼女はバージニア州の農家で生まれ育っ

↘　間のもつ、もろさ、傷つくさまを表している。
14) Hicks, Donna, Dignity : *Its Essential Role in Resolving Conflict,* Yale University Press, 2011, p.190。

た。白人の家庭に生まれ、白人の学校に通い、普段から白人と黒人が分かれて生活していることに何の疑問ももつことなく育った人だった。ある日、フィリスは自分の家にあった古い資料に目を通していた。先祖の財産目録である。そこに、家具や備品と並んで奴隷の数が明記されていた。フィリスは唖然とした。「この奴隷はどうなったのだろう？　ひょっとしてまだ近くに住んでいるのではないか？」フィリスの好奇心はますます高まり、調べていくうちに、近くの村に自分と同じカービーという名字の黒人家族が住んでいることを突き止めた。フィリスは同じカービーの名を名乗る黒人の家族に手紙を出すことにした。自分を紹介し、会ってくれないかと頼んだ。会いたい理由も書いた。しかし、返事は来なかった。フィリスはもう一通手紙を出した。するとようやく返事があった。お昼を一緒に食べないかという誘いだった。こうして二人は出会い、自分たちに共通する歴史を確認することとなった。

　バージニア州は公民権運動のころ、白人と黒人を同じ学校に通わせることに最後まで抵抗した州だった。米国連邦政府はバージニア州における人権の平等性を確保するために州政府に介入した。フィリスはこの歴史を目の当たりにしていた。自分の通う高校に初めて黒人の生徒が足を踏み入れたときの新聞記事を私たちに見せてくれた。憎しみに満ちた表情をした白人青年たちの間を一人の黒人女性が胸をはって登校している写真だった。フロント・ロイヤル高校の前で写っていた黒人女性の名前はカービーだった。その日、フィリスが対面した黒人女性は、フィリスの先祖が昔所有していた奴隷の子孫であった。

　白人と黒人、同じカービーを名乗るこの二人の女性の出会いは思わぬ方向に進むことになる。黒人の女性はフィリスに言った。「私に協力をしてくれないか。フロント・ロイヤル市の中央公園に記念碑を建てたい。人種差別の歴史の中で初めて黒人が白人の学校に通った日のことを後世に残したいのです」。フィリスは快く協力することにした。ただ、二人は市議会の強い抵抗にあうこととなる。フィリスはその記念碑を建てるまでの苦悩を私たちに話してくれた。最後に彼女が私たちに伝えたメッセージは次のものである。「過去は変えることができないが、これからの世界を新しく創っていくこと

第 11 章　トラウマ理解と平和構築　213

はできる」。二人の友情は人種差別という歴史的トラウマを背負いつつも、新しい関係性、新しいストーリーを生み出すものとなっていたのだ。

　アメリカでは 2006 年から"Coming to the Table"[15]という市民運動が始まった。奴隷制度の歴史を直視しつつ、歴史的トラウマを乗り越えて黒人と白人の新しい関係性と癒しを求める運動だ。かつて奴隷制度で財産を得た白人の子孫と、その構造的な暴力によって苦しんできた黒人の末裔とが手を取り合って新しい関係を生み出して 10 年。そのホームページには次の目標が掲げられている。「カミング・トゥ・ザ・テーブルはアメリカ合衆国の奴隷制度に由来する人種差別からくる傷を癒す志をもつ人をサポートし、リーダーシップを提供します」。

　歴史的トラウマは人種差別にかぎらず、過去の迫害や戦争の歴史に結び付けて考えることができる。歴史的トラウマを乗り越えようとする営みの例は、メノナイト教会の中からも生まれている。500 年も前のヨーロッパ、宗教改革の嵐が吹き荒れる時代に、再洗礼派として知られていたプロテスタントの宗派はスイスやドイツで激しい迫害にあった。メノナイト派などはその迫害から逃れてアメリカ大陸に渡った。今でもアメリカで、メノナイト教会が運営する歴史博物館を訪れる際には、そのすさまじい迫害の歴史について学ぶことができる。また、メノナイトの人々が大事にしている書物に"The Martyr's Mirror"（殉教者の鏡）というものがある。ここにも、自分たちの先祖がいかに迫害されてきたかが記録されている。そのトラウマは時代を超えて引き継がれ、メノナイトのアイデンティティの一部となっているのだ。その状況の限界性を感じたメノナイト自身が、自らスイスに赴き、昔自分たちの先祖を迫害したスイス改革派教会の牧師と会い、和解の儀式を共にしている。そこから新しいつながりと出会いが芽生えている。

　歴史的トラウマは世代を超えて引き継がれる。加害者と被害者の意識が固定化し、「選ばれたトラウマ」によって自らを正当化しながら相手を批判す

---

[15] この運動は STAR プログラムを通して出会った白人男性（Tom DeWolf）と黒人女性（Sharon Leslie Morgan）が始めた。二人はアメリカを歩いて渡りながら、人種差別の歴史を直視しながら加害者と被害者の関係を超えて新しいつながりへと導かれた。この運動のことは次のサイトで見ることができる。〈www.coming-tothetable.org〉

るナラティブが生まれる。こうして、癒されないトラウマは転移され、暴力として繰り返される。歴史的トラウマを乗り越える営みのためには、公の形でその暴力性を確認し認め、新たなつながりを求めて一緒に歩み出すことが必要である。被害者サイクルが生み出す魔の力を打ち破り、相手との対話の中から見えてくる「真実」を求めて歩み出す。和解と癒しを生み出す道はそこにこそある。

7. STARプログラムの可能性

　本章ではSTARプログラムの概要を述べてきた。このプログラムは、人類に共通する問題性を取り上げ、それに取り組む方法論を提供している。私自身もそうであったように、個人や集団が無自覚に抱えもつトラウマの闇を打ち破り、平和を生み出す方法論がここにある。願わくば、東アジアの文脈の中でこの方法論から学び、悪化の道をたどる隣国の人々との関係性を変革させてゆくことはできないか。癒されないトラウマがさらなる暴力を生み出すのであれば、これから教材を開発し、またはSTARセミナーを開催して、具体的な和解の営みを小さな形で生み出していくことはできないか。

　STARの産みの親の一人である修復的司法専門家、ハワード・ゼアー氏は「STARは地図ではなく、コンパスだ。」[16]と言っている。それぞれの国や地域に適した形があるので、すべてを示してくれる地図のようなものではない。ただ、平和、和解、癒しを指し示す方向性には偽りはない。そういう意味でコンパスなのだ。私も東日本大震災の経験を通してこのプログラムによって方向性を示された。まずは私たちの足元から被害者サイクルの暴力性に対する認識を高め、レジリエンスを身に付けるツールとして活用してゆかなければならない。

---

16) Zehr, Howard, *The Little Book of Restorative Justice,* Intercourse, PA. Good Books, 2002.

典拠（Attributes）は以下の通り、許可を得ている。
図2　Brain Model（脳のしくみ）204頁。
From Elaine Zook Barge, *Village STAR,* originally created in 2007.
図3　Cycles of Violence Model（暴力のサイクル）206頁。
©Carolyn Yoder and the STAR Team at Eastern Mennonite University. Based in part on the writings of Olga Botcharova, Peter Levine, Walter Wink and Vamik Volkan. For more information about the STAR (Strategies for Trauma Awareness and Resilience) program at Eastern Mennonite University, Harrisonburg, VA, USA, see 〈www.emu.edu/cjp/star〉
図4　STAR "Snail" Model（カタツムリモデル：Snail Model）207頁。
©STAR Team at Eastern Mennonite University. Adapted from Olga Botcharova's model © 1988. Published in Forgiveness and Reconciliation, Templeton Foundation Press, 2001. For more information about the STAR (Strategies for Trauma Awareness and Resilience) program at Eastern Mennonite University, Harrisonburg, VA, USA, see 〈www.emu.edu/cjp/star〉

執筆者紹介（掲載順）

李　鍾元（LEE Jong Won）
韓国に生まれる。早稲田大学大学院アジア太平洋研究科教授。1982年来日。東京大学助手、東北大学助教授、立教大学法学部教授を経て現職。米国プリンストン大学客員研究員（1998〜2000年）。『東アジア冷戦と韓米日関係』（東京大学出版会、1996年）で第13回大平正芳記念賞。その他著書、論文多数。

辛　淑玉（SHIN Su Gok）
東京都生まれ在日コリアン3世。人材育成コンサルタント、ヘイトスピーチとレイシズムを乗り越える国際ネットワーク共同代表。マイノリティやフェミニストの立場から、民族差別撤廃・多文化共生などを追求している。著書に『在日コリアンの胸のうち──日本人にも韓国人にもわからない』（光文社、2000年）他、多数。

徐　正敏（SUH Jeong Min）
韓国に生まれる。明治学院大学教養教育センター教授、同大学キリスト教研究所所長。延世大学教授、明治学院大学招聘教授、韓国基督教歴史学会会長を歴任。日本語による著書に『日韓キリスト教関係史論選』（かんよう出版、2013年）など多数。

神田　健次（かんだ　けんじ）
新潟県に生まれる。関西学院大学神学部教授。実践神学を専攻し、主に世界のエキュメニカル運動について研究。神学部長、キリスト教と文化研究センター長を歴任。著書に『現代の聖餐論──エキュメニカル運動の軌跡から』（日本基督教団出版局、1997年）他、多数。

村瀬　義史（むらせ　よしふみ）
愛知県に生まれる。関西学院大学総合政策学部准教授、宗教主事。主に現代キリスト教の宣教および諸宗教との関係をめぐる思想・実践について研究。共著書に『宣教における連帯と対話』（キリスト新聞社、2014年）、『ミナト神戸の宗教とコミュニティー』（神戸新聞総合出版センター、2013年）、論文に「WCCにおける宣教・伝道論の現在」（2015年）などがある。

小林　和代（こばやし　かずよ）
大阪市に生まれる。関西学院大学大学院神学研究科博士前期課程修了。同大学院博士後期課程単位取得満期退学。現在、同大学院研究員。修士論文は「『リマ文書』における「バプテスマ」の一考察：カトリックの視点から」。カトリック信徒（大阪大司教区　カトリック玉造教会所属）。

水戸　考道（みと　たかみち）
福島県に生まれる。関西学院大学法学部教授。専門分野は国際関係論・国際比較政治経済学・国際比較公共政策学・日本およびカナダ研究。九州大学、早稲田大学留学センター教授、香港中文大學日本研究學系教授などを歴任。著書に『石油市場の政治経済学――日本とカナダにおける石油産業規制と市場介入』（九州大学出版会、2006年）など多数。

山本　俊正（やまもと　としまさ）
東京都に生まれる。関西学院大学商学部教授、宗教主事。アジアのエキュメニカル運動の研究。日本・中国・韓国の宗教者による平和構築の実践に取り組む。現在、キリスト教と文化研究センター長。著書に『アジア・エキュメニカル運動史』（新教出版、2008年）、『東アジア平和共同体構築のための課題と実践』（佼成出版社、2016年）などがある。

黄　尚翼（HWANG Sang Ik）
韓国に生まれる。ソウル大学医科大学人文医学教室教授。医学博士として、医学史、科学史を大学で教える傍ら、南北朝鮮の和解のための医療活動を幅広く実践。著書には、『近代医療の風景』（学術院　優秀学術図書、2013年）の他、韓国語、英語での論文、著書が多数ある。

金　永完（KIM Young Wan）
韓国に生まれる。中国山東大学法学院副教授。中央大学大学院にて比較法学、比較宗教文化論を研究。日本中央学術研究所特別研究員、中央大学法学部兼任講師。著書に『中国における「一国二制度」とその法的展開――香港・マカオ・台湾問題と中国の統合』（国際書院）他、多数。

Jeffrey Mensendiek（ジェフリー・メンセンディーク）
米国に生まれ仙台で育つ。関西学院大学神学部准教授、宗教主事。危機に直面したときの人間の回復力とキリスト教の役割や使命の関係性について研究。米国合同宣教局（Common Global Ministries Board）より派遣宣教師として日本基督教団東北教区センター・エマオ主事を歴任。著書に、"Restoring Dignity Nourishing Hope： Developing Mutuality in Mission"（共著、The Pilgrim Press、2016年）などがある。

東アジアの平和と和解
　キリスト教・NGO・市民社会の役割

2017年3月5日初版第一刷発行

編著者	山本俊正
編　者	関西学院大学キリスト教と文化研究センター

発行者	田中きく代
発行所	関西学院大学出版会
所在地	〒662-0891
	兵庫県西宮市上ケ原一番町 1-155
電　話	0798-53-7002
印　刷	協和印刷株式会社

©2017 Toshimasa Yamamoto, Kwansei Gakuin University Research Center for Christianity and Culture
Printed in Japan by Kwansei Gakuin University Press
ISBN 978-4-86283-235-1
乱丁・落丁本はお取り替えいたします。
本書の全部または一部を無断で複写・複製することを禁じます。